開路

社會企業的10堂課

社企流 著

推薦序一　改變社會的正面力量

社會企業改變了傳統的商業模式，創造全新的可能。星展銀行深信社會企業的存在，是驅動社會改變的正面力量，讓我們一起攜手為社會點亮夢想星光，實踐美好未來。

「社會企業」是以商業手法解決社會或環境問題的營利機構，自給自足，永續經營，在賺錢的同時還可以做好事，做好事再賺更多錢！星展銀行自二〇一〇年開始就把將「扶持社會企業」作為我們的公益主軸，成為台灣最早投入推廣社企領域的企業之一，我們想做的不僅是單純提供金錢贊助，而是以實際行動提供各式資源，支持社會企業成長，藉由陪伴而孕育出一股能改變社會的力量。

然而，當時「社會企業」的概念在台灣仍不被大眾所熟悉，於是我們從多方面開始著手，首先是透過各式傳播，倡導什麼是社會企業，讓大家認識進而支持社會企業；同時，利用銀行的核心職能，首創「社會企業專屬帳戶」，提供社會企業最缺乏的財務資源與諮詢輔導，育成社會企業。第三，則是將扶持社企的想法融入於星展企業文化及員工的生活中，鼓勵員工參與社會企業的志工服務計畫，並採購社企服務與商品，去年我們就有近一千位的星展台灣員工參與社企的志工活動，成果斐然，我真是感到非常驕傲！

一路走來，我看到許多社企夥伴從一個「想讓社會變得更好」的單純想法開始萌芽，逐步找尋出可行的商業模式，克服種種困難與挑戰，度過創業維艱的草創初期，直到營運成熟穩定步上軌道，甚至走出台灣，逐漸開拓國際市場；我在銀行業超過三十年，多年來與客戶互動往來的過程中，我體悟到台灣人最大的優勢就是我們的善良與韌性，而這股強大的力量，在社會企業的夥伴們身上更是充分體現。每個社企夥伴的歷程，都是一個個說不完的精彩故事，他們的毅力與勇氣，更是令我欽佩。

近來，我們看見愈來愈多企業紛紛投入推動社會企業的領域，政府也在二〇一四年底推動「社會企業行動方案」，象徵台灣的社會企業發展，邁入更成熟的下一階段。在這個關鍵的時刻，很開心這些寶貴的實務經驗可以集結成冊，與更多人分享，透過「社會企業的10堂課」，除了讓更多的人更深入地認識社會企業，也期望每一個懷抱夢想，想改變社會、默默努力的社會企業，都能擁有發光發亮的舞台，請大家跟星展一起支持社會企業，讓我們一起努力朝建構更美好且共融的台灣社會邁進！

星展銀行（台灣）總經理

陳亮丞

推薦序 二　社企創業的引路地圖

二〇一二年，第一個中文社企資訊交流平台「社企流」正式上線。創辦者林以涵、陳玟成等年輕世代，許下這樣的願景：累積本土的社企智慧，讓台灣社企與全球網絡串連起來。

這是台灣年輕世代投入社企的寫照。即使「口袋裡除了勇氣之外，什麼都沒有」，擇定自己熱情所在，相信行動就能改變。

聯合報系「願景工程」也因緣際會與社企流成為一路走來的好夥伴。願景工程是聯合報六十週年社慶時，董事長王文杉對台灣許下「努力讓台灣更好」的承諾而成立的。六十六歲的聯合報系與五歲的社企流，是社企路上的忘年之交。

願景工程啟動初始，就推出「發現台灣社會企業」系列報導，引介剛萌芽的社企理念與令人耳目一新的諸多新創社企，「社企流」即是其一。我們以媒體角色擴散社企的理念，引領風潮；五年來，也以實際的合作行動，與各界力量一同打造台灣社企生態系，包括「台灣社企大調查」、引介「B型企業（B corp）」認證、促成政府宣布「社企元年」、推出「社會企業行動方案」、研修「公司法」等等具體改變。

書寫與記錄，是願景工程與社企流的諸多交集之一。去年，願景工程與社企流合作出版了《讓改變成真：台灣社會創新關鍵報告》，扣緊當前台灣最急迫且艱巨的「銀髮、食農、城鄉」三大議題、記述二十四個社會創新組織如何為三大難題提出行動方案。

今年，願景工程與社企流，加上星展銀行，共同企劃出版《開路：社會企業的10堂課》，刻劃出台灣社會企業一路行來的軌跡。

這十堂課，由初衷到藍圖，由理想到行動，看見台灣社企發展的篳路藍縷。不唱夢想成真的高調，也不高舉社企是唯一解方，而是真實地告訴每個逐夢／築夢者，每次創業都危險。

所以，書中會有苦澀警世的「失敗研究所」（第五堂課），老實點出，「其實，九九%的社企創業都會失敗」，失敗者最常見的誤區之一是「誤把社企當慈善」；也提醒你，別忘了投身社企的初衷，是「受益者優先」（第三堂課），別為了獲利而忘了本心；每一個決策，每一項計畫，都該有具說服力的「影響力評估」（第四堂課），一步就該有一腳印。

每一堂課，言之有物，有理論、有案例、有方法。若非深耕、接地氣，是無法如此見樹又見林的。這十堂課緊追台灣社企發展脈絡、掌握國際社企大勢，廣納資訊與個案，且深得其情，才能精煉出這十顆社企功力大補丸。讓前人走過的腳印，都成為後繼者前行的引路地圖。

獻給每一位努力改變現況、讓台灣更好的同行者。

聯合報系願景工程執行長

目次

第 1 堂課
從零到一

1-1 在解決問題之前，請先深入「了解問題」

在了解問題之前，就貿然去解決問題，可能會造成反效果。社會議題是由一連串的因素交錯建構而成，創業者在實際投入前，需先將議題充分研究，才能思索有效方案。

許多想投入社會創業的夥伴，第一個思考的面向便是：「要解決什麼問題？」一般來說，社會創業者（簡稱社創者）大多從自己「有感」的問題出發，可能是親身經歷的社會問題，或是觀察身旁親友面臨的挑戰，也有些社創者本身長期關注某個社會議題，平時便常運用文獻、講座、志工參與等不同形式來認識議題。

無論從哪一個角度出發，建議創業者在動手解決問題之前，都先徹底進行議題研究，可運用的研究方法包括：

❑ 文獻分析

從大量的二手資料認識議題的脈絡和背景，包含學術期刊論文、媒體報導或是社群討論。在過程當中，可藉由了解別人的研究或失敗經驗，避免日後犯下相同的錯誤，或是繼續挖掘能再深入研究的方向。

❑問卷設計

文獻分析之後，可以進一步擬定要深入研究的問題，並透過問卷作為蒐集資訊的工具。問卷設計通常分為質化和量化：要了解使用者深入的觀點和洞見，建議採用質化的開放性問答，而要大量蒐集代表群體的樣本數，則建議採用量化的問題。

❑田野調查

最後則是實際與訪談者互動，從過程中確認問題的真實性。除了記錄和觀察訪談者，也可以觀察其所在的場域以及周遭的人事物，進一步挖掘訪談者沒有說出、但有意義的資訊。

從田野調查挖掘社會創新，為偏鄉開啟對的發展方向

「老寮」創辦人邱星崴就是運用上述議題研究的方式，展開他的社會創業之旅。有別於一般的創業者，邱星崴擁有社會學的背景，在學生時期就花費超過五年時間研究苗栗地區的文化歷史。在決定返鄉創業後，他在創業前期先進行了大量議題研究，建立對於在地社會網絡的認識和理解。邱星崴從鄉鎮史、學術論文等文獻資料分析在地的歷史和產業資源，另外訪談在地居民，從泡茶聊天中一步步建構對南庄的深度認識。

在田野調查的過程中，邱星崴發現過去以客家人為主的南庄，擁有豐富的稻米、茶葉以及桂

竹筍產業和客家文化，但因為人力外流和產業轉移而慢慢凋零中，因此邱星崴將恢復當地經濟產業作為返鄉創業的核心目標，並將在地資產發展為公司的產品和服務。例如他們帶領遊客去採桂竹筍，讓遊客從活動的過程中了解在地文化，並藉由消費支持當地產業運作。

「為什麼我們選擇推廣桂竹筍，而不是桐花或桂花釀？這就是從田野調查結果發展的差異化。」邱星崴分析南庄老街賣的產品，大部分都來自商人炒作，而不是由在地家庭式農業生產而來，無法實質改變在地的經濟，也和當地文化沒有連結。相反地，桂竹筍是南庄在地的經濟作物，推廣桂竹筍也能同時幫助地方農家並保護山地環境，能夠真正改善南庄產業和文化。

社會創新不是來自想像，而是來自對問題的扎實研究

透過田野調查的研究，社會創業者能夠梳理議題的全貌和背景，並且了解利害關係人的需求，進而作為發展創新商業模式的基礎和機會。例如邱星崴在記錄當地耆老故事的過程當中，發現在地曾經流行過「番庄茶」這樣的產品，它其實和東方美人茶是同一款茶種，分別在國曆六月和七月生產。東方美人茶因為經過蟲咬而產生獨特甘甜，在台灣的市場大受歡迎，但是必須等到熟成之後用人工採收，人力成本較高。

相較之下，過去曾是外銷主力的番庄茶，口味比較平順，適合久泡常飲，而它的機會在於可以用機器採收，成本只有東方美人茶的一半。面對在地人力凋零的現狀，推廣番庄茶產品有利於茶農降低人力成本、擴大茶園的使用率，進而增加茶農保留茶園產業的機會和意願。

「如果不透過創新的方式給這些茶農機會，他們可能就會與現況妥協而廢耕或是賣掉農地；但我們可以從田野調查的過程中，找到新的機會去解決結構性的問題。」邱星崴認為對社會議題有夠深的認識，找到真正的問題，才能發展出好的「戰略」，而不是只會運用「戰術」，卻只解決表象的問題。以開發番庄茶產品的例子為例，老寮在「戰略」上決定以復興番庄茶作為改善在地茶農問題的主軸，並透過「戰術」上的商品包裝和平台行銷進行銷售。如果跳過問題研究的階段，直接從現有生產的東方美人茶進行戰術上的包裝和銷售，表面看似發展了商機，實際卻無法改善當地人力短缺的結構性問題。

邱星崴認為，現在很多要返鄉創業的夥伴，對於社會議題都不夠了解，容易忽略系統結構性的問題。例如很多創業者發

邱星崴帶領學員進行田野調查。

現農家收入不高，就想藉由電商平台協助銷售，但卻很少人注意到支撐農家耕作的水圳系統——如果水圳遭到荒廢或破壞，其實會更直接影響農家的收入，因為他們根本無法進行耕作。

對於社企創業者而言，雖然不見得都如邱星崴一般具有社會科學的背景，也不一定能像研究生一樣，有充足的時間和資源仔細做議題研究，但這個步驟依然不可或缺。在動手解決問題之前，社企創業者必須具備研究問題的精神，排除先入為主的觀念，透過調查了解利害關係人和影響問題的關鍵要素，才能真正發展出好的點子和有效的行動方案。

1-2 發想點子，你需要設計思考

有充分的問題研究，可以讓創業者找到發展方向，但來自天馬行空的點子，也能透過設計思考的流程，在探索與驗證的過程中發展為創業的好題目。

過去在台北租房的王維綱，感嘆租屋的環境品質不佳，房客永遠只能忍受老舊裝潢和堪用的設備。相較於外國影集中租屋青年打成一片、成為好朋友的美好景象，王維綱身邊的室友並不會互相往來，而是各過各的生活。當時他很想改善這樣的狀況，也和身旁的朋友討論應如何解決，結果發現其實很多人都面臨類似的困境，於是他產生一個念頭：「能不能把公寓打造為能令這群人滿意的環境呢？」

王維綱找了原本就在從事短期租屋工作的朋友，一起討論打造青年共生公寓的可能性。一開始他們租下一層三房一廳的公寓，在臉書上公告徵求室友，並描述未來想要打造的樣貌。沒想到反應比想像熱烈，很多人來信表示渴望入住，王維綱甚至要透過「面試」來篩選符合他們生活文化的房客。由於市場明確的需求，王維綱很快地找了另一間公寓進行改裝，一樣又供不應求，讓他更加肯定這個點子可行，最後與夥伴一起創辦了「玖樓」。

雖然玖樓的創業點子與老寮不同，並非源自田野調查的分析，而是來自靈光乍現，但透過一連串的驗證測試之後，還是能確認點子的可行性。而玖樓挖掘與驗證點子的方式，其實與近年熱門的「設計思考」不謀而合。

透過設計思考，找出符合真實需求的好點子

設計思考是一個「以人為本」的解決問題方法論，最早由美國著名設計公司IDEO提出，後來又因為IDEO與史丹佛大學聯合設立d.school推廣之後而聲名大噪。設計思考[1]融合了社會學和人類學的方法，有別於過去的設計模式，往往從設計師本身的觀點出發，只重視產品的功能或

1 關於設計思考完整的介紹和操作技巧可以參考台大創新設計學院《魯奇的設計思考工具書》。http://www.ceel.me/rookie.html。

美觀性，設計思考更強調從使用者本身的經驗和需求出發，產出符合使用者真正需求的產品和服務。

設計思考可分為以下五個步驟：

❏同理（Empathize）

凡事以使用者為中心，透過訪談、問卷、體驗等方式，尋找使用者真正的問題和需求。

❏定義需求（Define）

將上一步驟中蒐集到的資訊，經過刪減和整合後，對問題作更深入地定義，並試著用一句話來總結問題：使用者是什麼樣的人，他們有什麼需求，以及為什麼他們會有這樣的需求。

❏點子發想（Ideate）

接著，是發想眾多方案來解決上一個步驟中所找出的問題。發想的過程需透過不打斷、不批評、不離題等方式來保護每個人的點子，並鼓勵延續他人想法，以及思考愈多瘋狂的點子愈好。最後再透過成員的投票找出真正適合的解決方案。

❏製作原型（Prototype）

將點子的概念轉化為簡略草圖和模型，作為可以和使用者直接溝通的依據。

❑實際測試（Test）

用上階段製作的原型與使用者進行溝通，透過情境模擬觀察使用者的使用狀況，確認概念的可行性，並蒐集使用者回饋來調整、修改點子。

以玖樓為例，一開始王維綱只是想解決自己的問題，並不清楚哪些目標族群才是使用者，只是覺得青年共宅的點子也許會是不錯的解方。接著他藉由租下一個場域，並透過網路操作吸引願意付費的消費者，確認這個點子的可行性。最後再透過實際訪談和消費者背景資料來確認消費者的輪廓：有一定經濟基礎，對於生活品質要求，年紀二十至三十五歲的租屋客。

玖樓共同創辦人王維綱。

玖樓透過共生公寓打破都市人的隔閡。

發想好點子的關鍵：多去思考問題的本質

設計思考的這套方法論架構清楚，而且具有整合性，吸引不少人加入學習的行列，也有很多創業者試圖運用這套工具尋找創業題目，但要靈活運用並不是件容易的事。在台灣推動設計思考多年的顧問公司「PEBBO」，其執行體驗總監Andrew林志勳提到，一般設計思考工作坊會花費兩天的時間讓參與者全程體驗流程，參加者學完之後通常會覺得很興奮，想要立刻運用到日常工作或組織當中，後來卻發現要套用在自己的工作流程中其實很困難。

「設計思考學得快，但是去得也快，真正落實除了需要技巧純熟，更重要的是思維和文化的轉變，這需要長時間的改變。」Andrew強調學習設計思考不要拘泥於方法論，因為方法論只是學習參考用。相反地，他鼓勵創業者要多去思考「為什麼」，因為發想創業點子通常不會按照流程步驟線性發展，而是奠基於創業者本身思考能力的靈活度和敏銳度。

「設計思考，說穿了就是在進行發散與收斂的流程，可以開放蒐集各種想法，但也必須從眾多點子中收斂並做出決策。這樣的過程其實是很直覺性的，可能來自於個人先天的能力，也可能來自於後天從經驗中培養的敏感度。」

真正的好點子，源於「自律」

設計思考的點子發想原則，是不要打斷和批評別人的點子，且提出愈多瘋狂的點子愈好，先讓各種點子激盪一陣之後再來篩選大家覺得最好的點子。然而，這套創意思考的流程雖然在工作坊可以無限制地進行，但在正式工作或是創業初期卻很難花費一整天進行點子思考，因為團隊總是有更重要的事情需要處理。

面對這樣的難題，Andrew 建議主事者要先和團隊制定點子發想的計畫，也就是先規劃好團隊願意花在點子發想上的時間，並由個人先深入發想之後再進行團隊討論，討論後再繼續進行發想，這樣會比大家一起從零開始發想更有效率，產出通常也較好。

知名廣告人龔大中曾提到：「創意裡面有天馬行空和大膽、瘋狂的部分，但更多的是紀律。」發想社會創新的點子更是如此，因為點子的最終目標不只是創意，更是回應社會的需求以及市場的機會。這個過程必須掌握紀律，一步步透過不同的角度，檢視點子是否具備下列要素：

❑是否真正讓使用者受益，並且讓消費者願意買單？
❑是否能突破目前體制的限制，並有機會改變結構性問題？
❑是否巧妙運用資源，以小搏大但發揮更大的影響力？
❑是否挖掘過去被市場忽略或沒人開發的潛在機會？

如此全面思考過後，才能讓創業構想更接近「社會創新」的精神與意涵。

PEBBO執行體驗總監林志勳。

創意可以透過技巧有系統地激發。

1-3 「All In」之前，先看市場買不買單

創業者自認為好的產品與服務，若沒有人使用，就不算是真正的好；若有人願意使用，卻不願意付錢，也無法成為市場上有價值的產品與服務。

創業者通常會覺得自己的點子最好，或是把產品製造出來後就覺得消費者一定會買單，然而在現實狀況中，往往沒有這麼容易。有些人覺得產品不好用，根本不考慮使用；有些人則是喜歡產品，卻不願意付費。

消費者的「痛點」通常是決定他們是否願意付費的關鍵，也就是創業者的產品和服務是否真的能解決他們面臨的問題。有時在議題研究階段所挖掘出的問題，到了驗證時才發現那不是真正的痛點，此時創業者又需從回饋中重新找出痛點，調整與修改點子，再進行一次驗證，確認新模式是否真的解決消費者的問題。這樣來回驗證和修改的流程，有時會花掉很多時間和資源，因此原型（Prototype）的概念便很重要，只要初步製作一個模型反映創業者的點子，就可以先拿去市場驗證。

用「精實創業」精神，低成本快速獲得市場回饋

精實創業（Lean Startup）[2] 理論提到了「最小可行性產品」（Minimum Viable Product），進一步延伸原型的概念。創業者可先運用最低的成本製作能被市場接受的產品，並藉由大量測試了解市場的接受程度和回饋。不過，最小可行性產品的概念並不是把成本壓得愈低愈好，而是為了在短時間內快速了解市場需求，設計足夠功能的產品讓消費者測試。

顧偉揚從自身關注的銀髮議題發展創業題目。

2 艾瑞克・萊斯自二〇一一年出版《精實創業：用小實驗玩出大事業》提出的精實創業的概念，廣泛流行於矽谷為首的網路科技創業。

有時創業者會想等產品已臻完美再推出市場，但若在投入許多資源開發之後，才發現產品並不是消費者所需要的，反而會浪費更多的資源和時間，尤其是成本比較高的硬體產品，更需要謹慎地運用資源先進行測試。提供長者視訊關懷服務的「瑪帛科技」，就是運用精實創業的概念進行市場驗證。

創辦人顧偉揚當初因為住在家裡的奶奶常感到孤獨，開始有了將電視結合視訊的點子。因為過去有在養老院當志工的經驗，他發現許多長者都對科技產品感到陌生，即使市面上有不少視訊產品，長者無論怎麼學習，還是很快就會忘記。他發現，其實長者平時最熟悉的科技產品就是電視，因此進一步想到將電視加上視訊功能，也許就能解決長者恐懼科技產品的痛點。

顧偉揚先利用手邊資源完成第一代電視機上盒的產品原型，包含去光華商場買現有主機板和鏡頭改裝，上網找免費的開源軟體，以及借用實驗室設備拼裝等，雖然原型外觀不好看但至少功能足夠，能夠當作長者的測試品。

接著顧偉揚四處邀請親朋好友的長輩進行試用，觀察他們使用的狀況並且蒐集建議。有些長輩覺得機器很大，放在客廳很突兀，有些人則覺得操作上沒有那麼直觀，也有人透露期待的產品價格範圍。這些寶貴的回饋，都成為顧偉揚修改產品的依據，他著手將產品換成較小且成本較低的主機板，並優化操作使用流程。

「我發現一般工程師在設計產品的時候，都會覺得功能愈多愈好。但在我們和老人實際接觸的過程中，發現功能太多他們反而聽不進去，也學不起來。所以我在創業的時候，就要求團隊走到第一線，確定功能和界面是長者要的，不是我們自己想像就好。」顧偉揚花費一年的時間不斷進行產品測試與開發，跑去社區機構進行測試研究，甚至和長者玩遊戲畫出心目中理想的遙控器，就是為了開發出符合長者使用習慣的產品。

在變動的時代，市場驗證是永不停止的過程

由於產品的硬體成本高，顧偉揚一開始先製作簡易原型了解市場反應，經過一年的測試之後，陸續獲得客戶的來電詢問，也讓他增加信心，開始進行量產。然而這不代表從此就能一帆風順，瑪帛科技的商業模式後來便經歷從硬體轉向軟體的過程。

瑪帛科技的主要使用者是老人，但是真正的付費者卻是長者的子女，他們的痛點是忙於工作沒有時間陪伴父母，希望透過產品讓父母放心。然而，當時顧偉揚卻常接到長者的客訴電話，表示使用了產品還是無法看到自己的子女。他調查後發現，子女購買產品之後不代表就會有空和父母進行視訊，讓瑪帛科技的產品用意大打折扣。

同時，顧偉揚也發現產品硬體成本高、毛利低，且容易被其他業者複製取代，所以開始思考從產品轉為軟體服務，變身成為長者的關懷中心。現在瑪帛科技主要的商業模式，便是讓社工員透過視訊主動進行關懷服務，再將關懷紀錄用APP傳遞給子女，而商業模式也從一次性的產品購買，轉變為每月繳服務費的模式。

顧偉揚坦承，從硬體產品轉變為軟體服務的過程並不容易，因為跟自己當初創業的想像不一樣，所以心態上必須捨棄原本堅持的點子。另外，由於團隊成員大多是工程師，也代表他必須調

整團隊功能，招募更多社工背景的夥伴加入。

儘管轉型的挑戰很大，瑪帛科技還是因著市場驗證的過程，從一開始的概念發想，進而創業量產，再到後續商業模式的改良，讓這份服務長者的初衷得以延續下去。

1-4 甜蜜期過後，永續經營的難題

改變社會問題是一條漫長的路，社會企業必須找到永續發展的模式，才能獲得足夠資源，持續改變致力解決的問題。

提到永續發展，許多人第一直覺就是要建立良好的商業模式，而商業模式包含的要素，可根據《獲利時代》一書提到的「商業模式帆布圖」（Business Model Canvas）[3]進行分析：

- ❑目標客層：誰會購買產品服務，有哪些特質？
- ❑價值主張：產品服務能帶給客戶什麼樣的效益？
- ❑通路：透過何種管道接觸顧客？

- ❑顧客關係：如何經營與顧客的關係？
- ❑金流來源：透過什麼樣的方式賺取現金？
- ❑關鍵資源：在提供產品服務的過程中需要哪些資源？
- ❑關鍵活動：在提供產品服務的過程中需要哪些活動？
- ❑關鍵合作夥伴：誰能成為產品服務的合作夥伴？
- ❑成本結構：產品或服務有哪些必要的支出？

若以線上販售小農商品的社會企業「直接跟農夫買」為例，其商業模式如下：

- ❑目標客層：三十至四十五歲網路使用者，注重環保和健康
- ❑價值主張：提供大眾友善土地的優質農產品
- ❑通路：網站、Facebook粉絲團、電子報
- ❑顧客關係：凝聚社群認同感
- ❑金流來源：販售小農產品的收入
- ❑關鍵資源：優質農產品、安心透明資訊
- ❑關鍵活動：農友關係建立與管理、數位行銷活動
- ❑關鍵合作夥伴：生產者

3 更多詳細介紹可以參考《獲利世代：自己動手，畫出你的商業模式》。

❑成本結構：運費、農產品收購費、數位行銷費、人力成本

以帆布圖分析完商業模式之後，還需探討執行上的挑戰，才不會淪於紙上談兵。

社會企業追求永續，路途大不易

「直接跟農夫買」的創辦人金欣儀提到，團隊和營運管理是創業最大的挑戰，也是影響企業永續的重要關鍵。直接跟農夫買最早是一個Facebook社群，當時身為廣告人的金欣儀出自對農業的熱愛，號召一群夥伴和志工，透過Facebook平台替友善土地的農友們販賣農產品。然而隨著平台的知名度變高，消費者也愈來愈多的同時，金欣儀發現社群的經營模式有人力與時間上的侷限，如果想要幫助更多農友，就必須正式成立組織，於是她在二〇一四年正式成立為公司。

當時金欣儀對於要經營一間公司並沒有自信，過去身為創意人的她對財務報表和團隊管理一竅不通。「創意人通常是浪漫，且富有理想的。但創業過程需要面對現實，不能只有一頭熱血，得綜合團隊智慧彌補自己的不足，把理想化為真正有影響力的行動。」金欣儀分享自己在社會企業經營上的挑戰，包括因為小農產品成本較高，導致產品毛利率低難以獲利；因人力不足，只能處理短期事項，難以投入資本發展更具市場價值的計畫；想找人擴編團隊，又面臨錢不夠的問題。

儘管過程不易，直接跟農夫買仍持續進行農友關係管理，建立良好的產品供應鏈，透過故事行銷吸引消費者認同支持，並推出年節禮盒打入企業端，一步步增加營業收入。同時，直接跟農

夫買每年也推出社會影響力報告，公開組織對於農友、消費者和環境的價值。

永續不能只是靠理想，還要貼近市場需求

對於永續經營的看法，金欣儀認為社企必須穩健獲利，每年設定業績成長目標，策略也必須跟著市場的脈動，不斷調整和大眾溝通的角度，否則只是曲高和寡。例如她們團隊每年都會進行展望會議，討論今年策略和未來三年的發展方向。過去的行銷策略是深入溝通環境永續的理念，讓消費者認識農人和他們的耕作方式，但現在發現大部分的消費者主要在意自身健康，因此將溝通策略調整為讓更多人理解什麼才是對他們好的產品，再間接說明這些產品如何改變環境。

然而，商業模式和產品服務可能會隨著事業發展而改變調整，如果和當初成立的理念有所牴觸或相異時，社會創業者該如何應對？「創新工場」創辦人李開復認為，社會創業者應保持開放的心態去滿足市場顧客的需求，過度堅守立場的結果，容易造成企業無法延續下去。他表示社企創業者若只有熱情和理想，難以長久支撐，還必須了解自己在商業經營上有何不足，並不斷主動學習，才能因應市場變化和競爭。

社會企業不一樣的永續形態

金欣儀表示，原本創辦直接跟農夫買的目標其實是「消失」（功成身退），但後來發現這個

直接跟農夫買帶領消費者到田間。

目標太過遠大，必須要不同領域的人一起攜手合作，才能看到永續農業的願景到來。許多社企創業者也都有類似的想法，由於動心起念是解決社會問題，因此對於永續的想像就是退場。

其實，社會企業對於永續發展還可以有更多元的想像，例如：

- ❑ 持續服務：繼續推出產品服務以擴大社會影響力，追求組織永續發展。
- ❑ 複製：將商業模式授權於其他國家複製、發展，如源自德國的「黑暗中對話」。
- ❑ 企業併購：如社會理念品牌「Ben & Jerry's」冰淇淋被聯合利華併購。
- ❑ 開源：如「好食機」將「社區菜市長」運作機制無償分享給台南市農業局。
- ❑ 功成身退：完成改善社會問題的使命，解散組織。

由於最終目標是解決社會問題，社會企業可以衡量哪種方式對達成初衷的效益最大，再決定永續發展的模式。即使是功成身退或轉為非營利經營，只要能為社會帶來更多正面的影響，就算達成了社企創立的初衷。

第 2 堂課

毋忘初衷

2-1 一樣的產品，不一樣的影響力

「社會使命」是社會企業與一般企業最大的不同之處。一樣的產品，能否發揮不一樣的影響力，端看創業者在產品、銷售與公司治理等面向，如何守住底線，毋忘初衷。

社會使命，往往從覺察某個社會問題而開始，當看見貧窮、飢餓、罹病、受暴、失學等問題，接著引起關懷，進而激發公益行動。然而惻隱之心能否發揮更大力量，也須仰賴行動者能否建立自給自足的循環生態，透過發想出更創新、有效率、或更公平的商業模式，換取一路長征所需的糧草，此時起初的公益行動，便逐漸凝聚成社會企業。

同樣是透過買賣行為賺取利潤，社會企業與一般企業最大的不同，就在於社企要比市場法則及法律規定多出更多的自我要求，並在市場競爭中保住本心、堅持初衷，以促成公共利益的實現。更具體來說，社會企業在產品研發、市場銷售、公司治理等面向，若要貫徹社會使命，便須做得比一般企業還要多。

首先在產品研發上，不能只靠消費者基於愛心而掏錢，否則很容易會淪為單次消費。相反地，社企必須用更高的標準追求品質，而當產品的水準高過同業，便能逐漸累積忠實顧客，無須再依賴他人的憐憫與同情。

在市場銷售面，社企也應時時檢視各項產品的營運指標，若發現無法完美兼顧社會使命，建議利用不同性質的產品，組合出最適營運策略。例如有些產品銷量奇佳，但不完全貼近創業初衷；有些產品是社會使命所在，但成本負擔沉重；有些綜合各種優勢，不過尚需時間跟資源研發。在不違背初衷的前提下，可先運用具營運優勢的組合累積資本與能量，再運用資源改善「使命商品」的成本負擔。此外，還要劃出一塊禁區，不管當中利益多誘人都不能涉足，否則有違創業初衷。（產品組合的概念將於第五堂課詳細說明）

其實社會企業也是企業，只是跟一般企業有著不一樣的企業人格，例如對財務、社會、環境等面向提出較高承諾，或是在法律之上進一步約束自己。因此在公司治理層面，社會企業從章程擬定、財務簽證、獨立董事、社會影響力報告、盈餘分配、到員工酬勞等面向，都能透過妥善設計治理結構，將社會使命植入公司的自律機制，成為獨一無二的社企ＤＮＡ。

守住三階段底線，就不易遺忘初衷

優良品質、產品策略、企業人格等要素，造就一家深具社會使命的企業，而當創業者守住這三大面向的社會使命底線，也就不必念茲在茲於公益、使命、做好事這些抽象概念，可以放手專注於企業成長，因為當經營得愈好，就愈有本錢追求初衷。

一如英國「大誌投資」（Big Issue Invest）總裁奈杰爾．克蕭（Nigel Kershaw）所言，「我們賺的錢愈多，幫助到的人就愈多，他們的生活才能改善。所以我們對賺錢這件事簡直愛極了！」

2-2
社會使命＆產品研發：把握高品質，不怕沒人為你的初衷買單

創業難，創立社會企業更難，因為一旦進場，就需面臨更多的自律條件、更少的財務資源，因此創業者必須盡力創新產品，或擬定策略平衡財務壓力。而當社會影響力發酵，就算撐不住虧損而轉進下一階段，也毋需擔心背叛初衷，因為那已是留給後進者最好的禮物。

「做好事又獲利」聽起來讓人熱血沸騰，然而創新、效率、公平等元素，單獨開發成產品都有商機，但全部合在一起就難如登天了，所以想創立社會企業，必須要找到黃金組合。

例如創辦「多扶事業」的許佐夫，當初因阿婆受傷卻無資格搭乘復康巴士，便自購廂型車開始接送無身障手冊的孕、幼、老、輪族，並針對不同障別提供高規格服務，一舉打破限制繁雜且品質不盡如人意的產業現況。

又如「Motherhouse」的創辦人山口繪理子，發覺國際捐款無法真正改善孟加拉人的生活，便培訓當地居民，取在地盛產的黃麻與皮革，製做品質精良的手提包，打入日本精品市場，同時提供該國平均薪資的兩倍、勞健保、免息貸款、健康檢查等福利。

還有創辦「綠藤生機」的鄭涵睿，察覺市售芽菜多半營養流失又浸泡藥劑，於是設計科技農

場，以無土壤、農藥、肥料、激素、漂洗、截切的方法，栽培出具備生命力、售後仍可在顧客冰箱持續生長的芽菜。

先有好產品，才有好機會實現初衷

這些企業都有一個共同特質，就是在生產產品時即納入社會使命，而不是賣出後再捐錢給關懷對象，這麼一來，公益就不是額外做的好事。由於深知依靠消費者的愛心爭取支持，絕非市場生存之道，因此三位創業家打從一開始就以高於同業的標準要求自己，務求打造具競爭力的商品。

從起頭，就要做到最好。多扶不僅免除復康巴士的一切限制，還制定百項標準服務程序，例如一接起電話，就要仔細詢問對方身心狀況；看到顧客從二十公尺前出現，要熱情迎接、牢記名字、謹慎協助上下車；接送回到家門口，要調查滿意度，並用新鈔找錢。每一動作都大聲朗誦，確保客戶知悉並接受。

即便承接政府標案，多扶依然超越標案對復康巴士的限制，無條件載送任何有需求的乘客。許佐夫說：「很多縣市要跟我們合作，我都有一個條件，就是要允許設置自費營業項目，還要開放沒有身障手冊的人搭乘，如果承辦的公務員願意破除陳規，我就立刻過去。」

再如山口繪理子，當發現自己對產品的製造過程不熟悉，難以顧好品管，便親自從頭學起包包製作，且成品出貨前必定逐一檢查，再小的瑕疵都要求修改，一切只為打造發展中國家的精品品牌，而不只是毛利低廉的代工廠。

為了堅守品質，Motherhouse從種植黃麻、開發原料、製造成品、出貨配送，全在國內及自家工廠完成，這種一條龍策略雖然成本高昂，卻絲毫沒有改變山口繪理子的初衷。成立十年來，產品日益多元，生產線逐漸擴及其他國家，例如圍巾在尼泊爾製作、珠寶首飾來自印尼，Motherhouse始終堅持初心，向世界證明發展中國家也能做出高檔精品。

又如綠藤來回測試上千個種子、上百種栽培方法，以及不同溫度、濕度、壓力，終於找出最適合芽菜生長的參數，此法甚至較傳統省下九〇%用水。他們亦將廢棄芽菜做成堆肥，垃圾送入回收系統，目標做出全球第一個具碳足跡認證的芽菜產品。

三位創辦人均認為，沒有好產品，更別談社會使命。以長期照顧產業為例，許佐夫指出：「如果每個機構都靠政府補助，沒打算發展更好的服務，那會養出什麼樣的企業跟客戶？這個產業還會進步嗎？」

然而具社會使命的產品，有時意味著較高的生產成本，因此創業家必須擬定策略平衡財務，在不違背初衷的前提下，先讓企業活下去。例如多扶的「醫療接送」服務虧損連連，於是另外開發出「無障礙旅遊」，以此盈餘補貼虧損，維繫活絡長照產業的初衷。又如綠藤單純賣菜利潤不高，轉而萃取芽菜成分，並採用天然配料製成人體清潔與保養用品，果然扭轉財務危機，得以繼續生產友善環境的生鮮、生活產品。

只要社會影響力發酵，割捨部分產品並非背叛

不過，上述策略有時僅具「助攻」效果，假設某項產品已經長期虧損，無法撐起足量營收，適時割捨反而是明智之舉。只要確信社會影響力已經發酵，而且可以分享給其他夥伴均霑，轉進至下一階段也不失為出路。

好比多扶經營第七年後，雖終因不堪虧損而暫停接送服務，然而隨著社會氛圍醞釀，如今街上已出現愈來愈多低地板公車、無障礙計程車、無障礙 Uber，連車商納智捷都推出可載運輪椅的「福祉車」款。此外，相關社福團體、慈善機構也乘著這波社會意識與產業能量，爭得改善服務品質的契機。

多扶的深層目標一直是活絡長照產業、提升服務品質，因此積累七年之火候，早已針對一百五十餘種身障種類設計出標準服務程序的多扶，今後將帶著這套功夫打響全新的「多扶假期」，繼續造福孕、幼、老、輪族。與此同時，只要老客戶打電話進來，多扶仍二話不說出動接送服務。

另一例子是綠藤耗盡心神研發的「寶貝生菜」，由於人力成本高昂，導致賣一盒、賠一盒，最後只得停產。但初心不變，綠藤不強迫芽菜長高、不添加化學合成物，若消費者抱怨芽菜太過矮小，或化妝水冬天變得混濁、保養品不是乳狀，團隊必定耐心告知這才是真實的樣子。因此，綠藤的社會影響力不只體現在產品暢銷與否，更在於改變了多少人的消費態度。

多扶事業的目標是活絡長照產業。

多扶假期帶行動不便的朋友和家人出遊。

這三家社會企業，並不單純以社會使命號召消費，而是拿研發能量證明社會使命值得買單，一如鄭涵睿所說：「只要商業模式有效，追求社會使命的同時，一定也能賺到錢！」

2-3 社會使命＆市場銷售：為服務對象量身打造銷售策略

將社會使命運用在銷售面，最常見的方法就是將產品交給團隊關懷的對象來販賣，並與其分享合理利潤。如此，賣得愈多，受益者的利益也愈大，社會使命與商業模式便能妥善地結合。

提供工作機會給關懷對象，看起來像是在做典型的公益，然而既為社會企業，就不宜拿弱勢當招牌吸引客人，相反的，更應拿出最佳產品，或將受益者訓練為最佳銷售員，以爭取長期支持。此外，還要處處為受益方設想，或是設計「讓利」策略，將利潤導向他們，才能避免販售者淪為賺錢工具，失去創業初衷。

讓利街友，銷售模式處處設想

源自英國，二〇一〇年落腳台灣的《大誌》雜誌（*The Big Issue*）團隊，看重街友背後的潛能，便培訓他們上街兜售雜誌，換取公平合理的報酬。

在台灣，弱勢街賣並不罕見，口香糖、玉蘭花、原子筆、抹布都是其例，但由於販售者無批發管道，多半向零售商進貨，導致成本高，售價也高，消費者其實大可在其他地方買到更便宜、更優質的產品，因此商業模式難以長久。

有鑑於此，《大誌》一開始就下定決心讓客人心甘情願付費。創辦人李取中獲英國授權後，不直接翻譯原文，而是找來三十餘位海內外的作者，重新策展雜誌內容，以中文撰寫全球藝文、時尚、設計、科技、商業等資訊，還不時採訪知名藝人作為封面故事。八十頁的月刊，渲染著強烈人文氣息，訴諸二十歲到三十五歲的青年族群，選在車站、捷運站或人潮洶湧的據點販售，發行量成長飛快。

從初始一個月發行兩千多本，並以每月一千多本的速度增長，一年半後攀上近二萬本，到了二〇一六年已超過三萬本，而且銷售率達九成，遠高於便利商店裡的主流雜誌。另外，販售員也累積至一百位左右，銷售版圖由台北擴及中南部。

不過，《大誌》並不是一本容易買到的雜誌，原因正是對販售員處處讓利。當期雜誌全數透過販售員上街兜售，等到過期了才會登上其他通路，例如網路、台北以外的誠品書店、咖啡館或民宿等，但據點僅數百個。另外，網站不放置內容，想一飽眼福者只能向販售員購買。

李取中還訂了一個違反市場常理的規則，也就是長期訂閱僅開放給企業或團體，且訂閱價特別提高近兩倍，以免影響街友銷售員的生意。又考量販售員必須背著商品東奔西跑，雜誌刻意維持固定大小及重量，亦不任意附加贈品，以免徒增勞動者的負擔。

尊重與要求並重，不為街友貼上弱勢標籤

為了將工作機會集中給真正有需要的人，《大誌》僅在服務街友的單位，如地方社福中心、人安基金會、基督教恩友中心等舉辦招募說明會，經此管道才能應徵。倘若應徵者的先天條件較佳，《大誌》會建議對方先到勞工局等其他就業服務機構尋找就業機會。

值得注意的是，《大誌》把街友當作一般人看待，而非需要特別保護的「弱勢」群體，因此想勝任販售員，還得通過考驗與遵守紀律。李取中表示，「一般職場上是什麼樣子，賣雜誌就要有什麼樣子，這就是個工作，每個工作都有它的要求。」

獲錄取者，要先接受培訓，模擬可能遇到的狀況；再來要實地實習三天，《大誌》會免費提供十本，擇定固定地點交由試賣，一本一百元，所得全歸販售員所有；接下來正式上工後，販售員每本可獲五〇％利潤。若是當期沒賣完，可拿舊雜誌無償換新的一期；假使中途放棄不賣，《大誌》會全數購回剩餘雜誌，販售員不必負違約責任。

一如尋常工作，愈按時上工者，績效愈好；若常讓消費者撲空，銷量就滑落。但《大誌》雖然不放低標準，也不會過於苛求，而是尊重每個人的工作習慣，並不強制要求出勤頻率。平時也

不會派人監督販售員表現，僅有讀者反映時才會前往關切。除非發生重大違規，否則均能持續保有工作。反過來，若販售員表示遇到困難，《大誌》團隊會立刻到場診斷問題。

此外，每個縣市都會設立發行站方便販售員批貨，亦藉此關懷販售員的身心狀況，而在台北地區，每個月都會舉辦聚會，獎勵準時、禮貌、熱心等表現優秀的販售員，但絕不會以銷量為標準，其他縣市則不定期舉辦。

品質優先，業績持續成長

「適度管理，但不干涉」成為《大誌》與夥伴間的默契，但此種彈性也為公司經營帶來一定衝擊，例如銷售點分布零散、販賣時間不穩定、通路擴張緩慢等。對此，李取中一開始已有覺悟，「全世界的街報都會遇到這種問題，不過既然當初決定用這種方式來發行，就要接受它的先天限制。假設你又真的非常在意觸及率、滲透率、發行量這些，那就不應該設立社會企業。」

其實，《大誌》雜誌頭兩期曾在台北以外縣市透過便利商店販賣，未料遭質疑違背初衷，但團隊認為，發刊初期讀者好奇心濃，媒體關注度也大，趁著黃金檔期讓更多人取得，不失為一種行銷策略。事實證明，《大誌》從未「忘本」，從第三個月起便撤出便利商店，交由在地街友販售。

在消費市場上，刺激銷量的方法很多，有些會利用銷售者的弱勢形象博取支持，雖屬你情我願，卻可能使弱勢者刻意保持現狀，甚至與相同群體競逐而下。一旦惡性循環形成，處境便難以撼動，亦大大違背幫助者的本意。另一方面，惻隱之心也是隨機、短暫的，假若產品或服務不盡

《大誌》創辦人李取中。

如人意，消費者的同情心很容易就被消磨掉。

面對社會企業的先天瓶頸，若想貫徹社會使命，又兼顧營運永續性，發展利器無他，唯品質而已。因此《大誌》從沒把愛心列入定價，而是將一般雜誌該有的內容、分量、頻率、紙質、價格等做到最好，讓讀者不是出於同情或憐憫，而是因為喜歡而購買。

一路走來，《大誌》始終堅持產品優先、品質第一，如今業績持續成長，也證明了「堅持品質，就是堅持社會使命」。

2-4 社會使命&公司治理：社會企業，可以做得比《公司法》規定還要多！

社會企業的初衷在於解決社會問題，不過別忘了，公司內部也是個小社會——要管人、要管錢、又不能只營利，社會企業要顧慮的面向有很多。社企流建議創業家，在治理公司時務必把握「社會責任」、「組織責信」、「企業承諾」鐵三角，就不易背離初衷。

社會企業的屬性除了營利組織外，還有非營利組織可以選擇，即使登記為公司，亦有方法堅持社會使命。

營利組織型態，最常見的是有限公司、股份有限公司。有限公司一人就能成立，股份有限公司至少要兩人，兩者最大差別在於治理結構。一般而言，有限公司因為是一人獨資，創辦人得兼任股東、董事、執行長，易於實現自我意志。股份有限公司因出資者眾，為求平衡，須另外選任董事，執行長則定期向董事、股東報告營運狀況。兩種型態各有千秋，但實務上，外部合作對象可能會從治理結構判斷一家公司的健全程度，因此股份有限公司在開發業務時相對佔優勢。

非營利組織型態，則可分為財團法人（如基金會），以及社團法人（如協會），兩者均得營利，但營利項目必須與設立宗旨相關，且盈餘必須留在組織，不得分配給治理團隊；解散時，資本要捐出，不能返還出資者。

要選擇哪一種組織型態，可視發起者的資源多寡、夥伴數量、管理風格等主客觀條件，再考量各種成立門檻、治理結構、盈餘分配、營利項目等面向，作出最後決定。社企流期許創業家，無論選擇何種型態，都要盡可能提升自我要求，超越法律基本的義務規範，才能確保貫徹自己的初衷。

讓公司治理融入社會使命「鐵三角」

按照規定，營利性質的公司歸《公司法》管理，非營利性質的財團法人、社團法人也有各自對應的法規要遵守。然而法律只是最低標準而已，身為社會企業，除了「不違法」外，還可以盡更多社會使命。由於社企流接觸的多半是公司型社會企業，以下將以《公司法》為核心，說明社會企業有哪些要承擔的他律與自律責任。

社會企業的治理結構有一座鐵三角，第一角是「社會責任」。《公司法》第一條雖開宗明義：「本法所稱公司，謂以營利為目的」，但社會企業仍可自主將社會使命載入組織章程裡，如此即具高度指導原則，任何決策、協議均不得違背，即使想更動亦須報請董事會同意。

除了內部自我規制外，還可接受第三方認證，例如上「台灣公益團體自律聯盟」[1]登錄並附

1目前「台灣公益團體自律聯盟」官網中，有關社企登錄的揭露網頁已於二〇一七年五月十五日起關閉，未來相關社會企業登錄資料，將於「青年創業圓夢網」揭露。

上公益報告書，讓民眾一窺組織運作；或是申請美國「B型實驗室」（B Lab）認證，通過者可獲頒具社會責任意義的「B型企業」（B Corp）。

另外，社會企業也需充分考量利害關係人（Stakeholder），而不只有股東（Shareholder）的利益，包括供應商、承包商、通路、員工、客戶、社會大眾等。像「直接跟農夫買」便將農友納為董事，讓原先合作的對象直接參與公司決策。

再者，也可比照上市櫃公司，設置未持有股份、不在經營團隊，亦無業務關聯的「獨立董事」，請他們對公司營運提出獨立的判斷與建議，匡正可能的集體盲思。

他律與自律並進，既守法又創新

鐵三角的第二角是「組織責信」。《公司法》明文規定，每年六月底前必須各召開一次董事會、股東會，執行團隊應備妥前一年的「營業報告」、「財務報表」、「盈虧撥補表」，提報董事會審核、股東會承認。以上如果未確實辦理就屬違法，主管機關可以裁罰。

但在法律底線之上，社會企業還能追加揭露資訊，強化治理透明度。例如社企流一年召開不只一次董事會，其中第一季的董事會通常是略述去年營運概況，並提報預期年終獎金、加薪幅度、雇用員工數等當年度預算；第二季則編列完整文件，正式審核去年經營績效；第三、四季檢閱上半年營運，也請董事介紹隔年業務合作機會。

社企流還應股東、董事要求，比照大型公司做財務簽證，證明帳目沒有問題，亦每年主動製作社會影響力報告，說明執行業務發揮的社會效益。

鐵三角的第三角是「企業承諾」。《公司法》規定，公司若有盈餘，必須提撥一定比例給員工，但未明確規範數字，因此公司若願意以較高標準善待員工，可將紅利提高，或給予員工認股機會。

分紅之外，將盈餘重新投入研發也是展現社會使命的方法。目前法律雖要求公司每年須從盈餘中提撥一〇%作為「法定盈餘公積」，但未明確規定要投注在研發，充其量只是財務虧損的備用金。因而一般企業在提撥完法定盈餘公積後，就會將所有盈餘分配掉，以免被課以一〇%的未分配盈餘所得稅。

不過社會企業若欲展現對遠景的承諾，可追加設立「特別盈餘公積」，並於章程中明訂作社會使命之用，如此即便有其他

社會企業（非公開發行公司）的法律與自我規範

面向	公司法規範	自發性規範
社會使命： 以社會使命為首務	無	• 第三方認證機制 • 公司章程 • 充分考量利害關係人
組織責信： 董事會、股東會運作	公司法規定	• 公司法加強版 • 獨立董事
組織責信： 資訊揭露透明度	提報股東會之資訊	• 財務簽證 • 社會影響力報告
企業承諾： 員工培育與照顧	員工酬勞	• 員工酬勞 • 員工認股權
企業承諾： 創新研發的投入	法定盈餘公積	• 特別盈餘公積 • 盈餘不分配

急需，亦不得動用這筆錢。另外，亦可清楚寫明盈餘不分配給股東，以將資金留在企業，繼續發展社會使命。

走過創業一遭，社企流強調法律意識跟財務意識一樣重要，談社會使命之前，一定要先符合最基本的法律規範，否則唱得再高調，都可能敗給自己的違法行為。這些自律要求，在創業初期就要啟動，即使落後了也要即刻補上。在高標準之下，才能打造完善的社會責任、組織責信、企業承諾鐵三角。

2-5 回到原點，別忘了你的社會使命

社會企業，為慈善團體和營利公司兩極之間開出一道新視野，讓社會使命能與商業模式相結合。這種組織型態逐漸廣為人知，也激起許多行動者投身其中，但年輕團隊進入創業實戰後，馬上就面臨血淋淋的市場考驗，商業與公益的拔河無所不在。

要不忘初衷，最重要的不是提醒自己多有愛心，而是放低姿態，持續探究問題本質，再對症下藥。牛津大學社會企業研究中心副執行長丹尼拉．帕琵（Daniela Papi）便比喻道：「一個身在紐約的慈善家，是很難提著一大筆錢，直接、有效地援助非洲農民的。」她認為行動的第一步並

非出錢出力，而是要融入對方的生活，設身處地打造真正符合需求的方案。

例如原先一句孟加拉語都不會說的山口繪理子，並沒有留在東京一廂情願地幫助孟加拉人，反而為了理解當地人民的真實需求，不僅自願長住孟加拉，還申請當地的研究所就讀。在學會孟加拉語，並與居民共同生活幾年之後，她才確認自己可以著手的方向。

又如《大誌》雜誌創刊前即察覺大眾往往把貧窮視為個人怠惰，而非社會問題，街友尤其承受這種汙名。實際上，粗工、舉廣告牌、出陣頭這類工作實在不敷生活所需，因此《大誌》志不在給予溫飽的一餐，而是要提供合理的勞動條件。

還有多扶創辦人花費大把時間，上網瀏覽三千多則抱怨復康巴士的留言，從中分析出現行無障礙運輸產業及政策的利弊得失，再彙整成創業指引，之後便在現行復康巴士與救護車之外，開創出第三種完全不設限的接送服務模式。

保持穩健步調，避免服務中斷

有別於純粹非營利組織，社會企業的初衷不只是「公益慈善」，更包括「解決問題」，因此創業前必須針對現實狀況做足基礎研究，否則很容易把使命放錯位置。

有時，商業模式的靈感與機會便是由基礎研究而來，許佐夫以「拯救流浪貓」為例說明，若僅以同情憐憫為訴求，大概只能拜託大眾捐款幫忙；但若深入研究流浪貓的活動範圍、身上有哪些病菌、如何散播及傳染給人類、忽視會帶來哪些嚴重後果等，就有機會吸引生技公司合作或投資，這樣不但可以獲得更多資源，也能發揮更大的社會影響力。

而當影響力拓展到一定規模時，就代表社會上已有一大群人依賴團隊提供的服務，此時若輕率退出市場，將嚴重影響受益者的生活。舉例而言，一個輪椅乘客其實不只代表一個人而已，背後還有一連串家庭成員。當多扶載著一個客人遊山玩水時，就等於讓所有照顧者喘息，蓄積繼續照顧的能量。反之，若多扶貿然結束營業，或許身障族群就再也不出門了，而他們背後的整個家庭也會受到影響。

許佐夫指出：「一般企業服務做不好，頂多掉幾個客人；可是社會企業一個不留神，或是把人家的需求培養起來了，又突然抽離服務行為，很可能傷害到受益對象。所以社會企業經營者如果覺得自己不過是操作一個商業模式而已，那就太小看其中的影響力了。」他認為，每個社會企業家都要以擴大影響力自許，也要警惕自己避免中斷服務。

社會企業要毋忘初衷，除了應專注產品品質、追求營收成長，也應時常回到原點，動態調整以滿足受益者真正的需要，並保持穩健的服務能量，持續發揮影響力。

第 3 堂課

受益者優先

3-1 做事前，先打開耳朵聆聽需求

當創業者關注一個社會問題，通常會希望能盡快找到解決方案，然而問題背後的原因可能盤根錯節，如何找到正確的需求，並提出適切的解方，仰賴幾個關鍵要素：聆聽、觀察、追蹤、客製化。

二〇一二年九月在一場舉辦於紐西蘭的TED演說中，義大利知名援助工作者安內斯托・西羅利（Ernesto Sirolli）分享了一段四十幾年前在非洲尚比亞的故事，藉此對所有準備對他人伸出援手的人，強調一個無庸置疑的觀點——想要幫助人，請先閉上嘴，然後「聽」吧！

年輕的西羅利在一九七一年時，眼看非洲尚比亞擁有肥沃土地，卻嚴重缺乏糧食，他帶著滿腔熱血，與義大利的團隊策劃一個專案，開始在當地種植番茄、櫛瓜等作物。起先他為此專案感到驕傲，甚至與當地人說明農業並不是一件難事，只見當地人聽完都一副興趣缺缺的模樣。

某天，作物準備收成之際，竟然來了兩百隻河馬，一瞬間把所有作物吃個精光。對此西羅利感到相當震驚，當地人卻悠悠地說：「這就是為什麼我們沒有農業。」他反問：「你們為什麼不說？」當地人則回：「你們從來沒問過。」

不少人聽了西羅利分享此故事都會被逗笑，他們納悶「聆聽需求」這個聽起來再基本不過的

事，怎麼聰明如西羅利會在此栽了個跟頭。事實上，類似的故事如今在世界各地依然不停上演，尤其對於關注社會創新的創業者，更是個棘手的問題，因為當創業者決定要解決某個社會問題時，便沒有一天不為「受益者」的需求所煩惱。

為什麼受益者如此重要？因為他們的需求往往直指社會問題的核心。

社企流採訪了幾間社會企業與非營利組織，包含「One-Forty」（台灣四十分之一移工教育文化協會）、「人生百味」、「以立國際服務」、「勝利基金會」，這些組織關注著不同群體的需求：One-Forty關注移工、人生百味聚焦在街頭弱勢、以立耕耘海外社區弱勢者與志工，勝利則是服務身障者。第三堂課將分享他們如何發現不同群體的需求與問題，提出解決辦法，以及過程中有哪些體悟和學習。

聆聽：One-Forty用理解消除偏見，用傾聽找出需求

根據勞動部統計，截至二〇一七年五月為止，台灣的移工數量已經高達六十三萬人，其中產業外籍勞工數量有三十九萬人，社福外籍勞工也有二十四萬人，如今在車站廣場、工地、餐館等地方，都能看見移工的身影。然而多數台灣人對移工在台的生活情況仍一知半解，甚至有少部分人對於移工有著刻板印象，產生歧視的眼光。

「不理解」往往是形成歧見的開端，這不僅影響到移工在台的生活情形，更導致相關工作權益不被重視。陳凱翔觀察到這個現象，進而興起創辦One-Forty的念頭。

兩年前，陳凱翔與吳致寧分別在不同時機點加入移工社群，並透過聆聽移工的生命故事，了解他們的需求。儘管故事內容不甚相似，他們卻發現了一些共同點，例如移工們隻身前往異鄉，遇見困難也無法找人傾訴，或對於離開台灣、回到母國後的創業與就業問題感到焦慮等。

對此，One-Forty提出了三個面向的計畫，分別是「移工人生學校」、「東南亞星期天」以及「移工故事頻道」。移工人生學校根據移工們的實際需求開設相關課程，而東南亞星期天則是舉辦文化交流活動，此外One-Forty也持續更新對移工議題的了解，用更貼近社會大眾的語言在故事頻道中傳達出去，企圖創造改變。

「移工來班上上課，聲音可以被聽見，這是創造自我價值很重要的方式。」吳致寧認為在課程當中，移工可以透過互動建立自信，並分享生命經驗。同時One-Forty也能藉由聆聽故事，從中汲取課程主題的靈感，再透過田野觀察逐步確認需求、調整內容。

「目前我們大部分專注在印尼移工，一步一步慢慢來。」陳凱翔表示，不同族群的移工，需求也截然不同，「像菲律賓移工的需求就跟印尼移工有很大差異，我們一開始以為只要改教材語言就好，後來發現完全沒辦法。」吳致寧補充。

因此，一邊執行計畫，一邊田野調查，是目前One-Forty的策略。透過連結社群與傾聽需求，One-Forty期待自己能帶來改變，在社會中形成一股溫暖而強大的風。

One-Forty 創辦人陳凱翔與吳致寧。

觀察：人生百味區分問題層次，找出投入利基點

如何讓每個群體適得其所，是一個社會是否友善的重要指標。除了移工，這個社會對於在街頭生活的人是否友善？會是什麼樣的人、因著什麼原因來到街頭？這些問題促使了人生百味的創辦。

二〇一四年，創辦人巫彥德、朱冠蓁與張書懷看見街頭上不同的弱勢群體，包含回收者、無家者，以及街賣者，為解決他們分別的問題，人生百味陸續開展「把回收拿給阿公阿嬤」、「石頭湯計畫」與「街賣計畫」三項專案。

每個群體都存在各樣的需求，但如何才能在多樣的需求中，找出受益者真正的需要，考驗著創業者們的觀察力。

以提供剩食給無家者的「石頭湯計畫」為例，起先人生百味認為「吃飽」就是無家者最基本的需求，但在執行計畫時，卻常發生無家者以「我吃飽了，謝謝」回絕的情形，他們才發現原來不少教會早已長期供餐給無家者，頻率甚至是人生百味的幾十倍。

顯然吃飽不再是無家者的迫切需求，那他們真正需要的是什麼？

巫彥德認為，有時候當下看見的問題，不一定就是急需解決的需求。對此，人生百味的做法是將需求劃分成三個面向：經濟狀況、自我認同、社會認同，並評估何者才是他們需要優先處理的面向。

這個優先順序關乎到目前同一個受益群體，哪些問題已經有他人投入，哪些則較少被關注。

人生百味觀察目前協助無家者的相關組織中，有關社會認同的需求，相對較少人處理，為了讓受益者有更全面、更完整的需求滿足，他們選擇將主力放於此，透過倡議的方式解決汙名化的問題，為弱勢者打造一個保護網。

從人生百味的經驗，可以觀察到即使是同一個群體（如無家者），也存在著各種不同的需求（如經濟狀況、自我認同、社會認同等），此時透過在前線傾聽受益者心聲，並深入觀察不同需求被滿足的程度，進而調整組織投入資源的優先順序，是許多社會工作者可參考的做法。

追蹤：以立透過長期評估，衡量方案成效

人生百味所遇上的多樣需求問題，並不是特例。從事國際志工服務長達七年的以立創辦人陳聖凱，對此也特別有感，「大部分的問題都不是表面上看到的，比方說，你看到一個人光著身子，表面問題是他沒有衣服，所以要給他衣服，但這可能是別的原因造成的，搞不好他不喜歡穿衣服，或是他根本不需要。」

陳聖凱坦言，起初他抱持著希望「治本」的心情，試圖找出層層問題的核心，但逐漸發現一個殘酷的事實——若過度執著找到根源，很可能最後什麼事都做不成。因為問題根源可能來自於普通人無法輕易解決的國際關係、民族性等結構性問題。

對於以立而言，若要滿足長久型「治本」需求，某種程度與商業行為的本質相互牴觸，以一個既需解決問題，又要滿足消費者需求並創造利潤的組織來說，這是相當沒效率的方式。「我們

要顧到客戶的需求、能力，案子就要從非常治本的想法，調整到半治標、半治本。」陳聖凱說。

以立透過長期在海外社區的田野調查，並分析志工的問卷與訪談結果，試圖了解客戶（志工）與海外社區需求的交集，最終找到了一個具體且看得見短期改變的方案——投入基礎建設。同時，為了確保方案能真正滿足雙方的需求，以立持續追蹤志工與海外社區的回饋，藉此評估方案的效益。

在志工方面，除了出隊後的問卷和焦點訪談，以立規劃擴大追蹤範圍，在出隊前就先深入了

人生百味共同創辦人巫彥德。

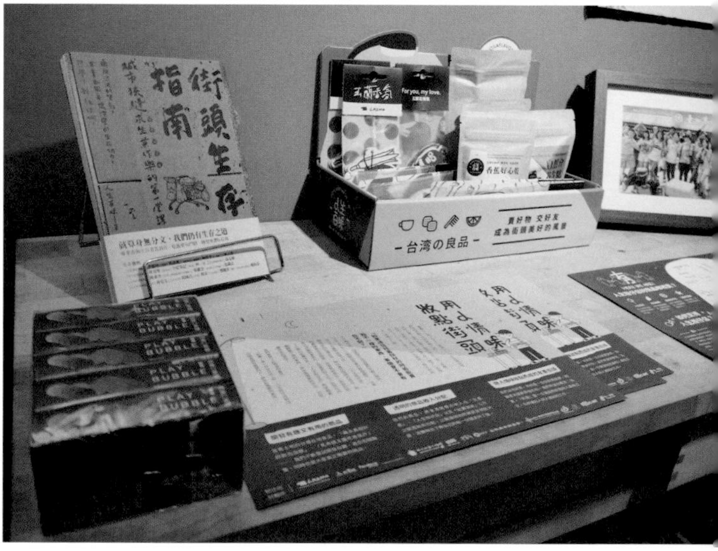

人生柑仔店商品與《街頭生存指南》。

解志工對服務的認知與期待。至於海外社區，陳聖凱表示除了持續從台灣派員工前往當地做田野調查，與在地居民合作、追蹤後續成效也很重要。他以柬埔寨計畫為例，「我們有當地員工，那個員工是從當地村落出來的，因此由他來做所謂的後續評估，比如說大家使用廁所（基礎建設）的使用率，房子的堅固狀況，房子蓋後的使用情形等。」

儘管志工在海外社區停留的時間並不長，但對以立來說，長期評估卻是不可或缺的環節，這個重要性在於建立雙方的信任，並藉此找到真正有幫助的解方。成立至今七年，陳聖凱相信在不斷理解與調整的過程中，就能逐漸找到對的方法，讓志工與海外社區的雙邊需求同時被滿足。

以立國際服務的志工服務宣傳DM。

客製化：勝利深入了解身障者需求，為不同障別打造合適解方

以立透過商業性思考平衡雙邊需求，而協助身障者就業的勝利，除了需掌握市場上的多元商機，也必須兼顧不同障別身障者的就業需求。

張英樹投入身障者就業開發，迄今已經三十個年頭，儘管本身也是身障者，他坦言起先並不了解不同障別的限制，直到一次參加屏東勝利之家的活動，看見形形色色的身障者，才理解到每個身障者間的差異。

張英樹開始思考，如何替不同障別的身障者量身打造就業服務？為了降低風險，他投入許多心力在就業前的能力評估與需求分析。勝利每天接觸不同的身障者，透過日常相處，以及面談、陪診、與家人溝通等方式，了解每個身障者本身的限制、能力和興趣所在。

在這樣的思維下，勝利為不同障別的身障者開發出不同的工作流程，為他們創造合適且有效率的工作環境。舉例來說，建檔中心的情緒障礙者在工作中，可能因為情緒不穩而不由自主發出聲音，影響到其他同事，但若安排情緒障礙者和聽障者一同工作，情緒障礙者發出的聲音就不構成干擾。

「身障者在經過訓練後，能力會變得很不錯，但沒有市場（服務）就死掉了。」創業頭十年的浮沉經驗，讓張英樹在往後開發新職別時，很在意「市場」因素。他認為，「思考身障者就業服務時，要先做一件事，就是評估市場上的工作哪些是他們可以做的，像是為他們設計，先從他們本身能力分析出能做的事，再去看市場有沒有機會作銜接。」綜觀當前勝利提供的職業類屬，從網頁設計、文字資料建檔、加油站、餐廳、手工琉璃……共計十二種商業性服務，目前皆能穩定地運作、財源上也能自給自足，在在顯示勝利發展多角化事業體的野心，以及其適應良好、抓對市場之處。

綜合One-Forty、人生百味、以立與勝利的經驗，可以理解到在尋找解決問題的方向之前，關鍵是要先理解受益者的需求，並透過聆聽、觀察、追蹤、客製化等方式，提出適切的解方。

3-2 受益者，是Taker也是Giver

社會企業與受益者的關係，經常被誤解為上對下的「幫助」關係，但其實受益者自身的專長，以及不同視角的觀察與反饋，時常反過來幫助社企，並帶來意想不到的收穫。

如果把解決社會問題的程序畫出來，並不會是「線性」的模式，由於解決問題的關鍵圍繞在受益者身上，社企與受益者的互動關係不該是線性的過程，而是雙方都能給予回饋，共同成長的「循環」模式，讓受益者不再只是接收的一方，而是成為支持組織前進的力量。

與受益者保持平等關係，互相學習與參照

期望扭轉街頭弱勢的人生百味共同創辦人巫彥德坦言，起初接觸無家者時，曾保有家長式的思考，像是「我學歷比較高，在社會上比較成功，所以更懂得生存之道，我知道怎樣是比較好的方法。」但隨著進入田野的時間增長，巫彥德才發現問題不如想像中簡單，自己的所知也相當有限。

對於無家者，一般大眾存有不少刻板印象，像是認為無家者要夠可憐，才有資格被幫忙，但

這樣的心態，卻沒能真正同理他們的心境。人生百味認為，在街頭，無家者確實是特別的存在，但這不代表「特別」就該被排斥，或被以異樣眼光看待。

「我是位街友，但你不用害怕。」人生百味共同創辦人朱冠蓁過去接受媒體訪問時，曾提到與人生百味合作已久的街賣者徐大哥，時常把這句口頭禪掛在嘴邊。她表示，其實徐大哥有很多人生故事，也樂於分享給關心的人，只要大眾願意以開放的心態了解，就能看見不一樣的視野。

巫彥德後來也學習放下自己的偏見，「嘗試從他們的眼睛看到世界」，以平等、互惠的視角，重新了解彼此的生活樣貌與需求。當大眾能開始將每個無家者視為獨立的「個體」，進一步理解他們的狀態與生命歷程，並反思自我的生命經驗時，社會對無家者的汙名化問題自然就會慢慢瓦解。一旦大眾的認知產生改變，社會就能逐漸形成一個相互包容、理解與互助的保護網。

不只台灣的街頭弱勢者需面對一般大眾的刻板印象，以立國際服務所接觸的海外社區居民，也常面臨同樣的狀況。

以立長年帶領志工隊到海外社區服務，創辦人陳聖凱反思自己過去也時常帶有「幫助」的心態，但隨著與居民互動增加，他發現居民只是經濟較為弱勢，卻有很多值得他學習的地方，「我是來學習那些地方，像是生命經驗等等，所以我常會說，志工不是來幫助，而是來學習的。」

陳聖凱回憶過去有位志工在海外社區做家庭訪問時，曾經問屋主「會不會羨慕外面的人」，屋主則回應：「你們有你們的課題，我們也有我們的課題，我們人生在世都是在解決不同課題，我不會想要出去，而是好好解決自己所面對的問題。」屋主的回答讓以立和在場志工體認到，每個人在不同的生活情境中都有需要克服的議題，經濟上的弱勢並不代表社區居民只能成為受助的一方。當地居民來自生活經驗的分享和體悟，有時能引導志工從不同的角度思考和理解事物，對參與服務的志工來說，亦是非常寶貴的獲得。

受益者運用專長，為組織創造價值

當社企調整看待受益者的眼光，便能進一步發現他們獨一無二的專長，若能妥善引導與培訓，他們的專業將幫助組織永續發展。例如在思考身障者就業時，可以不侷限於按摩、清潔、烘焙等框架，儘管不同障別的身障者擁有不同的先天限制，經過適當的轉換與訓練，反而能成為意想不到的優勢。

勝利基金會創辦人張英樹從事身障者就業三十年來，看見身障者們在不同領域中都有相當優異的表現。以勝利的第一個職種「打字」來說，「那時候倉頡輸入法有舉辦全國比賽，前五名幾乎都是我們的學生包辦」，張英樹認為身障者的能力不該是問題，只要找對方法，成績自然不菲。

以腦性麻痺、小兒麻痺的身障者來說，雖然先天限制，使他們可能無法處理勞、體力方面的工作，但單純重複的資料輸入工作，反倒可以用耐心、細心的優點，在團隊中與其他夥伴協力完成工作。根據勝利所提供的資料顯示，自二〇〇〇年起，勝利承接中國信託的建檔業務以來，輸入正確率已超過九九％的優異表現，甚至高於業界標準。

二〇〇八年，勝利成立「傳玻者」投入手工琉璃的生產設計，以往不少人認為琉璃作品大致都由一個人完成，且需高度的工作技巧，但如果身障者能根據各自的障別與屬性，每個人主掌不同的環節，以互補的方式協力合作，反而能達到一加一大於二的成果。二〇一六年的台灣工藝競賽中，「傳玻者」便憑藉「鐵樹銀杏之動與靜——昆蟲三件組」作品拿下「新光三越特別獎」，甚至多次獲邀到台灣工藝精品展覽。

至今，張英樹依然深信身障者的能力可以打破既定的就業框架，並創造多元價值；身障者也相信在一個適切的工作流程之下，他們的專長就能找到機會發揮，並從中得到成就感。事實證明，這群不凡的身障者不僅用專長換取穩定工作，在二〇一六年也為勝利創造出高達五億元的營收。

沒有完美的模式，在反饋中持續調整與成長

為解決移工離開台灣、回到母國後的創業與就業問題，One-Forty第一個想法是開設「移工人生學校」，並以教育、培力的方式教導商業知識。但移工在實際回國創業時，卻常因各國創業環境的不定因素，像是宗教、文化、當地人脈等，影響創業的成功機率。當移工們將此現狀回饋給One-Forty，他們才發覺除了商管知識，還需要更多在地經驗的傳承。對此，共同創辦人陳凱翔與吳致寧決定重新設計課程內容，「我們開始調整，找過去在當地有創業經驗的人，回來分享給想要創業的移工。」而對於沒有創業需求的移工，One-Forty也新增就業技能的培訓與媒合。

除了內容設計，One-Forty的課程形式也因著移工反饋而調整。起先移工人生學校只有實體課程，但隨著愈來愈多移工們表示由於平日工時太長，以及距離不便等因素，實在難以參與，便促使One-Forty增設線上課程。而讓One-Forty感到意外的是，透過課程形式的調整，線上課程

的瀏覽率持續增高，甚至還有東南亞的人直接觀看，比實體課程觸及更多人。

「這兩年內，覺得一個社會議題有太多複雜的東西在裡面，光要把這些東西搞懂，都覺得現在還不行。」持續向受益者學習，是陳凱翔一直提醒自己的事，「這是我目前一直保持的心態，就是永遠沒有夠了的一天。」

從以上社企與非營利組織的經驗，可以看見創業者與受益者之間的相互激盪，應該是平等、互惠的，無論是受益者的特質、專長，或是所提供的反饋，都能為社企帶來全新的觀點，幫助組織永續成長。

3-3 和受益者互動，你需要這六大守則

在關注社會議題，並找到受益者需求後，接下來在與受益者互動時，重要的就是如何掌握適當的心態與方法，和受益者建立平等、互惠且穩健的關係。

儘管One-Forty、人生百味、以立、勝利所面對的受益者有所差異，在不同的田野中探索和耕耘的時間也不盡相同，社企流仍依照他們多年來的觀察與經驗，彙整了六個值得參考的通則：

一、帶著謙虛與開放的態度了解問題

在嘗試解決社會問題時，許多人一看到問題就想直接去回應，並抱持著想讓事情「變好」的心態，但這個念頭本身就帶有危險性。「什麼才叫好、對誰好？」若沒有保持謙虛與開放的態度，很容易誤讀真正的需求。

二、預設自己是未知的，蹲下來好好跟受益者相處

在與受益者互動的過程中，許多時候創業者自身的認知體系，可能會在了解真實情況後被擊垮與重建。因此，在思考如何解決問題之前，不如先預設自己是未知的，並透過互動和交流，觀察與學習來自受益者的新知識。同時間，也能慢慢地建立對彼此的信任。

三、帶著同理心，理解每個「不合理行為」背後的「合理原因」

社會中每個人都是獨特的個體，儘管身處在同一群體，也會因其生命經驗的差異而有不同的行為模式，與其直接從行為表象分析問題所在，不如先將受益者的樣貌立體化，找出其行為模式背後的結構與脈絡，才能逐漸看清問題的樣貌。

四、時刻彙整受益者的需求與反饋

面對盤根錯節的社會問題，要釐清需求並跟著受益者狀態的演變與時俱進，就得仰賴創業者平時對於受益者田野的觀察與累積，這過程並非線性，而是不斷循環的進展，所有蒐集到的觀察與資料，都得與受益者的需求來回進行參照。

五、隨機應變、保持彈性給予調整空間

一個社會問題並不會單獨存在於結構之外，結構中的每個因素，都可能影響到創業者原先設定的問題意識、解決方法與策略，因此保持隨機應變的態度，隨時調整工作模式，才能讓組織走得更長久。

六、對於受益者的回饋，給予感謝

當受益者願意敞開心胸分享生命經驗時，創業者除了表示尊重，也應帶著感謝的心情，因為這些真實的經驗與分享，是創業者得以理解問題的關鍵鑰匙。

透過這六大守則，期許社會創業者將來面對未知的田野與受益群體時，能提前調整心態，迎接未來的挑戰。

3-4 傾聽受益者心聲

社會企業能否對受益者的生活，產生實質上的改變？受益者又如何看待與社會企業的合作？社企流採訪幾位受益者，試著彙整他們與社企互動的心聲。

一、建立認同才能創造參與動機

當社會企業與受益者接觸時，除了單方面將理念傳達給對方，更需要建立與受益者的信任關係，才能激起他們參與計畫的動機。街賣者周光明（化名）回想與人生百味剛接觸時的心境，他表示「一開始我就覺得年輕人有想幫助弱勢的想法很好，所以我才會認同他們找的產品以及理念，當我知道這些，就不會只把改善經濟因素作為首要要件。」周光明補充，在他與人生百味合作的期間，他也開始試圖理解人生百味所推出的商品，對於土地友善的涵義，甚至也跟著實踐這樣的理念。

參加移工人生學校的印尼移工小婷（化名），也表示自己因為對One-Forty產生認同，才進一步參與人生學校的課程。「很多人覺得錢是測量成功的方法，但對我來說，知識、視野跟技能也很重要，來跟One-Forty一起學習，總比放假跟別人坐在那邊好。」

二、與受益者建立更深層的關係

社會企業對受益者帶來的改變，有時不一定是實質效益，而是精神與情感上的連結，而這樣的連結所帶出的影響力，反而更深遠。小婷一方面認同知識的重要性，一方面更肯定One-Forty夥伴的付出，因此在難得的假日，願意花時間到移工學校學習。小婷表示，「對我來說，他們不只是我的老師，更是我在台灣的家人，填滿了我每一個星期天，雖然我們是外國人，他們對我們非常的熱心、有禮貌，謝謝Guru One-Forty，謝謝老師們！」（印尼文中的Guru指的不只是狹義上的課堂老師，廣義更指向生命中那些值得信任的「導師」。）

三、保持理想與現實的平衡

有些受益者表示，他們能理解並認同社會企業的理想，但有時在生存、賺取收益等現實考量下，也期待社會企業能改善商品的行銷效益與成本結構，為受益者帶來更好的收入。

「如果可以持續合作，在現實上的考量是最好。」周光明認為目前街賣計畫中所推出的商品，主要是以兼顧理想的友善土地商品為主，但由於成本較高，街賣者能得到的利潤相對較低，此時社企若能擴大行銷效果，將能為受益者帶來更實質的效益。例如二〇一六年人生百味的街賣計畫便透過與名人的合作，像是聶永真、馬來貘等，推出不同商品，進而提升街友的收益與能見度。

四、帶著同理心隨時調整

一個複雜的社會問題本來就不可能在短時間內被解決，不管是社會企業或是受益者，都必須時刻體認這點。「保持同理心，才可以在街頭頭家的聚會，從討論的過程中發現可以改善的問題」，周光明強調同理心是讓溝通順暢的要件，也是幫助組織調整的力量。

當受益者認同社會企業，就會產生信任感，進而產生期待或是反饋，而這些反饋也能讓社會企業不斷修正模式，邁向永續發展。事實上，無論哪一位受訪者，在採訪中談及社會企業帶給他們的影響時，多以正面的回應居多。如同周光明所言，「人生當中一定有矛盾的地方，未必能夠迎合所有人的需要。」然而當社會企業願意持續堅持、調整方向，改變社會的那一天終會到來。

第 4 堂課

影響力評估

4-1 認識「影響力評估」

社會創業是一段漫長的旅程，身為創業者，在面對一個又一個的交叉路口時，該如何決定往左還是右？而一路上走了這麼久，又真正改變了什麼？「社會影響力評估」期待能協助創業者找到這些問題的答案。

第一堂課中提到在創業初期從事田野調查和市場驗證的重要性，事實上，了解問題脈絡、反覆測試商業模式和追蹤營運成效，並不只是創業者在事業初期的功課。市場是複雜、面向多元且不停變動的，社會議題亦然，身為社會企業的創業者，需同時掌握市場面與社會面的變化，並持續衡量和驗證組織表現。商業面的表現可透過財務報表上的銷售數字、毛利率、投資報酬率等指標來衡量，但社會影響力呢？

目前社會影響力評估的機制，隨著民間對公益專案的態度由一九六〇年代的「出於信任」，轉變為二〇〇〇年後的「追求責信」（Accountability）[1]之後，逐漸發展，並陸續演變出改變理論、社企平衡計分卡、社會投資報酬率（Social Return on Investment）等評估工具。

以實證精神，落實組織責信

「實證」（Evidence-Based）是影響力評估的核心精神，意即使用者在評估過程中應傾聽利害關係人真正的感受和需求，重視資料蒐集和分析的品質，並遵從不言過其實、保持透明公開和讓成果接受審核等基本原則。

透過描繪改變發生的因果邏輯，或將成果以數字或排名等量化方式呈現等做法，影響力評估期待能打開公益事業的「黑盒子」，化解許多具社會目的之組織在對外溝通與內部擬定策略時，仍只停留在陳述問題表面的困境，幫

1「責信」的內涵包括「可受公評」（Answerable）及「負責任」（Responsible）。可受公評是指公益組織與外部人之間，隱含有約束力的雙向溝通關係；而責任則是主觀上負起義務（Obligation）的概念，負責任的組織會在必要時修正其做法與提升績效，以回應利害關係人的需求及看法。（余孟勳，二〇一三，《談責信》，取自社企流網站）

個人或組織從事社會公益的概念隨時代演變

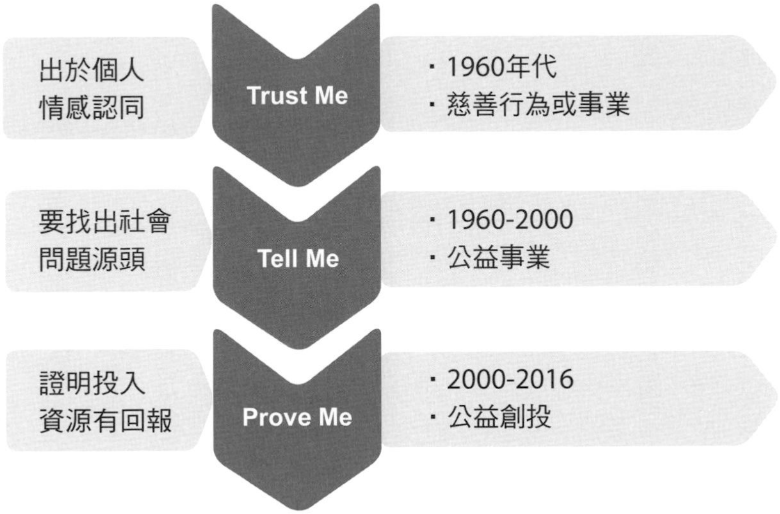

助這些組織明確點出讓改變發生的關鍵為何，以及已有多少問題真正被解決。

然而，衡量組織的社會影響力並非易事。和數字明確的財務報酬不同，社會價值通常較為抽象、無形，且涉及個人主觀感受，難以被量化判斷。另外，許多社會效益需要經過一段時間方能展現，但當時間幅度拉長，也意味著中間可能牽涉的外部因素增加，使得衡量組織的貢獻更加困難。而不同社會議題的衡量指標各有差異，以及利害關係人重視的面相各不相同等，也都是挑戰。

儘管如此，抱持社會使命而成立的組織，基於其兌現組織宗旨的承諾，以及因標榜理念而接收到的社會支持，仍應以當責（Accountable）的態度面對員工、產品使用者、消費者、受益者等利害關係人，在能力所及的範圍內追蹤、評估並分析組織為社會帶來的改變，適當地與利害關係人分享資訊，如此便能讓組織的行動和表現被外界檢視，也能持續改善內部方針，達到外部「證明」（Proving）與內部「改善」（Improving）兩大效果。

用證據說話，讓理念更具說服力（Proving）

影響力評估除了能協助組織落實責信，亦可促進內、外部溝通，運用評估結果向利害關係人具體說明組織行動的成效。

日漸複雜的社會議題和愈趨多元的公益參與方式，讓許多有心支持的人，在面對自己有限的公益資源時（如時間、捐款額度、消費預算等），面臨著應如何使用的選擇。因此，除了組織的成立宗旨和方案規劃，現在有更多支持者也想了解自己投入的資源將如何被運用、能創造多少改變，以此作為決策考量之一。

影響力投資者亦然。在準備投入資金之前，投資方除了了解不同組織的願景和方案，也需要透過客觀數據，評估什麼組織解決問題的方法是相對有效的，才能進一步配置投資資源，決定優先支持哪些組織。

因此，當組織將評估的過程與結果公開與大眾分享時，除了展現組織無論表現好壞，都有揭露與承擔的責信精神，亦能以具體成果說服他人，證明組織標榜的願景並非空話，而是具體可實現的未來。

衡量組織績效，改善營運表現（Improving）

影響力評估不僅能用於對外展現成果，亦能協助組織改善日常營運和專案表現，因為做完評估後，最重要的就是依據評估結果採取下一步行動，而草創期的社會企業資源有限，組織的時間、人力和金錢資源，更應用在刀口上。透過影響力評估，組織可以辨識哪些活動的影響力大，哪些則否，進而調整資源配置。除此之外，評估過程中傾聽利害關係人的回饋和意見，對組織而言也是非常重要的學習歷程，有助於未來開發出更符合對方需求的產品或服務。

另外，好的評估框架還能引導使用者在評估過程中，釐清影響改變的關鍵因素和因果邏輯，進而自我診斷，找出以往忽視的盲點。例如有些組織在實際透過「改變理論」評估自身影響力時，才驚覺之前持續追蹤的某些數據，只是因為容易取得才被納入追蹤清單，實際上與組織的目標和活動成果並無關聯，進而調整追蹤指標，專注追蹤真正有助於決策的資訊。

「台灣公益責信協會」理事長余孟勳曾在該協會二〇一四年的公益觀察報告[2]中寫道，責信的發展有助於社會企業獲得正當性，奠基在責信的基礎上，社會企業更有機會取得外部資源挹注，進一步擴大影響力。

影響力評估雖非社企經營的萬靈丹，難以在組織遇到困難時便立刻顯現成效，但它卻可以作為社企發展的基石，督促社會創業者在「與利害關係人溝通」、「追蹤組織績效」與「持續改善組織方針」這三個面向打好基本功，讓創業者在忙碌的日程中依然謹記初衷，不時修正方向以確認組織行動成果和目標一致，並打造出值得利害關係人信賴、有能力穩健營運，且能持續擴大影響力的組織。

認識改變理論

「改變理論」（Theory of Change）為一策略規劃工具，由八個具因果關係的要素組成，帶領使用者釐清改變問題的因果邏輯，從「問題」和「目標」開始填寫，經過「投入」、「活動」、「產出」、「效益」等要素，來到最終產生的「影響力」，再將「影響力」和「目標」做比對，形成一個完整的循環。

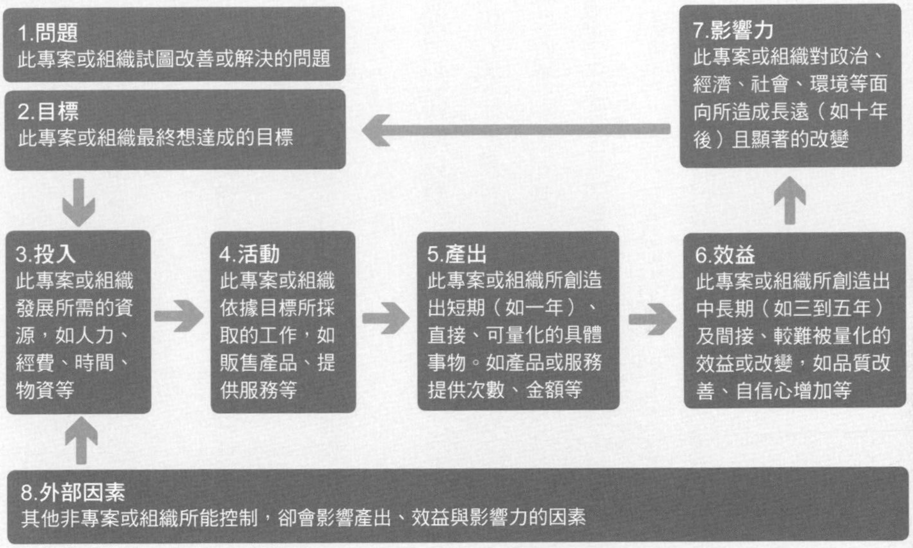

2 台灣公益責信協會致力於公益團體財務透明化，一方面讓公益團體在財務及管理上更有效率也更有能力；另一方面促進體系內的各個參與者（包括捐款人及公部門等）之間的資訊更透明，彼此更信賴。

4-2 影響力評估的現況與挑戰

聽到影響力評估的概念，幾乎人人都說好，但真正採取行動的組織，卻仍少之又少。為何影響力評估在社企產業中會出現「叫好不叫座」的現象？

雖然市面上可供社會企業執行影響力評估的工具相當多元，迄今為止，真正實踐的社企仍只佔少數。以台灣來看，二〇一七年二月時，登錄於台灣公益團體自律聯盟網站「社會企業」分類下的一百四十個組織中，只有三十二家提供公益報告書，約佔五分之一。在這些報告書中，描述組織活動成果的指標大多屬於短期產出，而進一步描繪長期效益的組織僅佔少數。當然，組織內部是否定期追蹤長期指標，外人無從得知，但從公開資訊來看，大部分組織距離落實完整的影響力評估，仍有不小的差距。

感到影響力評估知易行難的，或許不只第一線的社會企業。「亞洲公益創投網絡」（Asian Venture Philanthropy Network）在二〇一六年針對十五個亞洲社企育成計畫的調查顯示[3]，即便多數計畫都將「追求社會影響力」列為最重要的評選標準，但在實際執行上，育成計畫投注在影響力評估相關服務的資源和關注程度，仍遠不及投入於業務開發、行銷公關、資金募集等商業技能培訓的資源。

為何會出現這樣的落差？對社會企業來說，執行評估所需的專業、金錢和時間，都是挑戰。當一家社會企業想自行衡量組織的社會影響力時，可能會遇到的困難包括：

工具複雜，選擇不易

在歐美，社會影響力評估已發展了數十年，期間有不少改良、演化自社會科學公共政策評估和管理學績效衡量架構的評估工具出現。這些評估工具，又順應不同組織的需求和使用情境，分化出更多型態，因此對才剛接觸影響力評估的組織來說，要在茫茫工具海中找出「最合適」的那個，會是不小的挑戰。

執行門檻高，小組織難負荷

由於評估工具的種類相當多元，對初探影響力評估的組織來說，光是找出適合的工具就得花費不少心力，而評估工具的開發人員又多來自學術、顧問或投資單位，相當重視資料蒐集和數據分析的精確程度，因此這些工具對於使用者的專業能力有一定的要求，再加上執行所需的時間和財力，小型組織通常無法執行，也無力負擔外部的顧問服務費用。

---

3 AVPN. (2016). *Effective Social Incubation – First Insights from Asia.*

成本高昂，效益未知

影響力評估雖然可協助組織改善營運績效，並作為和投資者與社會大眾溝通的依據，但實務上對組織的幫助有多大、與付出的成本相比是否合理等仍有待商榷。即使手中資源足夠，一旦組織認為執行影響力評估的「性價比」不夠高，就沒有投入的誘因。

在花了二十年的時間投入研究與工具開發之後，影響力評估的推廣者慢慢意識到，若評估工具的使用主體（如社會企業）無力負擔自行執行評估的時間、金錢和專業人力，再多的工具也無用武之地。

根據「倫敦政治經濟學院」旗下顧問研調公司的報告[4]，在一九九五年和二〇一五年間，最具代表性的二十種評估工具，有十九種開發於二〇一〇年前，顯示新工具的開發熱潮已經過去。現在，討論焦點已逐漸轉向評估工具的可執行性，希望能找到調整、改良現有評估工具的方法，化解當前工具多、使用者卻少的窘境。

這樣的討論熱度，能否推動現有的評估工具和體系持續優化，讓影響力評估真正成為幫助社企發展一臂之力的最佳夥伴呢？未來的影響力評估發展，值得關注。

由產、學界領軍的評估工具開發與研究

近年來活躍的評估工具研究與開發者，大致可分為三類：

一、社企支持組織

在社會企業生態圈中，為社會企業提供資源的支持組織（如影響力投資者和社企育成機構），為了確保每一筆投資都能獲得財務和社會價值回報，往往花費許多心力設計影響力評估方式，以找出最佳投資標的。例如美國「聰明人基金」（Acumen Fund）即提出最佳慈善投資選項（Best Available Charitable Option，簡稱BACO）的概念，透過量化各種不同解決方案的效益和投入成本，來比較哪個方案最能發揮每一分錢的用處。

二、倡議與研究單位

影響力評估的倡議與研究單位也常釋出研究報告，分享自身的觀察與經驗，如「史丹佛大學慈善暨公民社會研究中心」出版的《史丹佛社會創新評論》（*Stanford Social Innovation Review*），以及「香港豐盛社企協會」皆屬此類。

三、影響力評估服務業者

第三類則是將影響力評估這項專業變成「產品」的服務提供者。在台灣，如「安侯建業」（KPMG）、「資誠」（PwC）這類大型會計師事務所皆開始提供評估服務。在歐美，甚至已發展出許多專靠評估服務獲利的顧問組織，例如美國「SVT集團」（SVT Group），即以「您外包的影響力總監」（Your Outsourced Chief Impact Officer）作為口號，提供客戶從影響力評估的執行、諮詢、報告撰寫到教育訓練等一系列的服務。

4 Florman, M., Klingler-Vidra, R., & Facada, M. J. (2016). *A critical evaluation of social impact assessment methodologies and a call to measure economic and social impact holistically through the External Rate of Return platform.*

選擇合適的評估工具

每樣影響力評估工具都有自己的特性，使用者可考量「主要用途」、「使用彈性」和「所需資源」三個要素，找出最符合自己需求的工具：

常見評估工具一覽表

改變理論

介紹	主要用途	使用彈性	所需資源
「改變理論」（Theory of Change）為一策略規劃工具，由八個具因果關係的要素組成，帶領使用者釐清改變問題的因果邏輯，從「問題」和「目標」開始填寫，經過「投入」、「活動」、「產出」、「效益」等要素，來到最終產生的「影響力」，再將「影響力」和「目標」做比對，形成一個完整的循環。	• 策略規劃	高	低

影響力雷達

介紹	主要用途	使用彈性	所需資源
由來自倫敦的橋基金管理公司（Bridges Fund Management）開發的「影響力雷達」（IMPACT Radar）以目標效益（Target Outcomes）、附加價值（Additionality）、環境社會與治理策略（ESG）和商業與社會報酬一致性（Alignment）四大面向來衡量投資標的，作為投資組合配置的依據，是以投資單位為使用者的評估工具。	• 策略規劃	中	低～中

社企版平衡計分卡

介紹	主要用途	使用彈性	所需資源
「社企版平衡計分卡」（SE Balanced Score Card）改良自企業常用的績效管理工具「平衡計分卡」，將與社會面相關的指標融入原有的財務（Financial）、內部流程（Internal Process）、顧客（Customer）、學習與成長（Learning & Growth）四面向而成。	• 策略規劃 • 追蹤營運過程	高	低～中

B型企業影響力評估

介紹	主要用途	使用彈性	所需資源
「B型企業影響力評估」（B Impact Assessment）是由非營利組織B型實驗室（B Lab）所提出，為B型企業認證使用的工具。BIA提供受測組織在治理（Governance）、環境（Environment）、員工（Worker）與社區關係（Community）等面向和其他組織相比之下的表現，讓受測組織能針對較弱的面向改善。	• 追蹤營運過程 • 衡量最終影響力	低	中

全球永續報告準則

介紹	主要用途	使用彈性	所需資源
「全球永續報告準則」（Global Reporting Initiative Standards）由「全球永續發展報告協會」發佈，為企業撰寫企業社會責任報告（Corporate Social Responsibility Report）的主要準則，在GRI架構下，企業需以系統化的方式揭露其在環境、經濟與社會三個構面的相關資訊。	• 追蹤營運過程 • 衡量最終影響力	低	中～高

社會投資報酬率架構

介紹	主要用途	使用彈性	所需資源
「社會投資報酬率架構」（Social Return on Investment Framework）是一個可幫助組織或專案「貨幣化」自身所創造的社會、環境與經濟價值的評估工具。它主要用來衡量利害關係人感受到的價值，需仰賴使用者詳細講述經歷到哪些實質改善，並將成果以數字呈現。	• 策略規劃 • 追蹤營運過程 • 衡量最終影響力	高	中～高

三要素說明如下：

①**工具的功能**：評估工具的功能大致可分為「規劃策略」、「追蹤營運」和「衡量影響」三種，有些評估工具同時具備多種功能，有些則只偏重某一種。

- 規劃策略：協助組織規劃整體策略。
- 追蹤營運：協助組織在營運或專案執行過程中定期追蹤選定指標，作為流程或活動改善之依據。
- 衡量影響：協助組織衡量一段時間內，專案或組織的整體影響力。

②**工具使用的彈性**：彈性高的工具給予使用者較大的客製化空間，彈性低的工具則提供標準化的框架，便於客觀比較（見左方表）。

③**所需資源**：使用工具時，需要用到的人力、時間、金錢等資源多寡。

工具使用彈性說明表

彈性較高的工具	
特色	針對大方向給予原則上的指導，即使衡量同一組織，不同使用者產出的成果也可能不同
優點	• 能根據組織需求和特色，量身打造合適的衡量指標
缺點	• 執行時更仰賴專業 • 難以與其他組織比較 • 難以預知最終產出
範例	社會投資報酬率（SROI）

彈性較低的工具	
特色	提供使用者一套標準化的衡量架構和明確的評估問題，針對同一組織，不同使用者也會有相同形式的產出
優點	• 易於水平或垂直比較 • 規則清楚，容易上手
缺點	• 可能會衡量到對組織無意義的指標 • 難以突顯組織的獨特處
範例	B型企業影響力評估（B Impact Assessment）

4-3 影響力評估的下一個十年

如今，不只非營利組織、社會企業和公部門，一般企業也開始談論「社會價值」。當衡量社會價值的需求與日俱增，現有的評估機制夠用嗎？在評估發展路上，哪些重點值得注意？

自二〇一四年開始經營「iLab社會企業育成計畫[5]」以來，社企流有許多機會聆聽社會創業者的真實心聲，逐漸了解社會創業者遇上影響力評估時，遇到的困難和挑戰為何。過去一年中，社企流亦持續和台灣關注影響力評估的學者、投資人和顧問單位互動，在交流中增進對台灣評估體系的了解。

綜合這些經驗與交流，社企流認為未來影響力評估若要持續發展、發揮助力，除了工具本身的改良之外，社會創業者在做影響力評估時，亦需掌握以下三個重點：

一、回歸使用需求，選擇當下最適合的評估方法

選擇評估工具時，除了工具的特性，使用者也應考量組織本身的狀態。執行影響力評估的組織規模不一，大至跨國企業旗下的基金會，小至少於十人的社會企業，擁有的人力、財力資源亦

相差懸殊，因此適用的工具也有所不同。如小組織因為規模小，影響力觸及的範圍也小，應避免選用過於繁複的評估工具（如隨機控制實驗法、SROI等），以免評估的成本甚至高出專案改善的效益。

另外，不同創業階段的社企，也會有不同的評估需求。例如社會企業在草創初期，通常要花很多時間驗證與修改商業模式，當存活下來才是當務之急時，影響力評估的價值便不在協助創業者對外證明什麼，反而在於協助自身追蹤營運表現、優化經營模式。因此，此時與其搜集大量、全面的資料做評估，不如考量自身時間和資源，專注追蹤幾個最關鍵的產出和效益指標，以驗證商業模式能否如預期般解決問題，待組織成熟後，再考慮引進功能更完善的評估框架或聘請外部專家協助。

二、尋找呈現評估數據的最佳方式

除了管理層次的運用，評估結果作為和內外部利害關係人溝通的工具之一，如何恰當呈現和運用，也存在改善空間。組織要溝通的對象，不只是公司董事會或外部投資人，還包括產品服務的使用者、付費購買的消費者和認同組織理念的支持者等，若評估報告的內容只是千篇一律的數

5社企流的「iLab 社會企業育成計畫」提供培訓課程、諮詢輔導、交流媒合、種子獎金、社會影響力評估等系列服務，支持有志解決台灣社會問題的初創社會創業者，陪伴其走過創業的第一哩路。

據和表格，卻沒有以利害關係人熟知的語言（可能是圖片、故事或影音）呈現，讀者閱讀時難免感到無趣或挫折，想進一步了解和參與組織活動的意願也會因此降低。

除了以互動式網站或資訊圖表來優化利害關係人的閱讀體驗，現在，國外也有顧問公司協助社會組織將評估結果以形象影片的方式呈現，更有利於溝通傳播，讓社會組織在講述工作成果時，不用總是在全然感性的故事和一絲不苟的制式報告間選邊站，而能讓故事與證據相輔相成。

三、在日常營運中，整合「影響力指標」與「財務指標」

社會企業做為介於非營利和營利兩種模式間的混合型組織，在決策時，社會面和財務面的指標本不該是壁壘分明的兩方，反而應同時整合兩類資訊，對決策者才有幫助。

三位服務非營利組織的專業人士，在合著的《非營利永續：為財務可行性做決策》一書中便提出矩陣地圖[6]的架構，希望協助組織整合量化的社會面與財務面資訊，讓雙重基線[7]的概念得以在管理實務中落實。

在矩陣地圖上，使用者可清楚看見組織內各專案的定位：有的專案影響力高、獲利少，有些則相反。最好的專案要能同時滿足「有影響力」和「獲利」兩個條件，最糟的狀況則是發現組織投入過多資源在既沒有影響力，也不賺錢的專案。

像矩陣地圖這類的工具，可以協助社會創業者整合兩邊資訊，辨識未來發展機會，做出更好的資源配置。舉例來說，沒有影響力也不賺錢的專案就該考慮停止，而獲得新的資源時，則應優先投入既有影響力又賺錢的專案。

長期而言，這種能同時運用財務面和社會面資訊來做決策的願景並非不可能實現，關鍵在於社企能否在組織日常中，適當地整合財務與社會面兩種資訊，並以符合決策需求的形式呈現。（矩陣

---

6 Bell, J., Masaoka, J., Zimmerman, S., (2010), *Nonprofit Sustainability: Making Strategic Decisions for Financial Viability.*

7 底線（Bottom Line）原本意指財務報表上的最後一行數字，即財務利潤。雙重基線（Dual Bottom Line）是在財務基線之外，再加上社會基線。而常被談論的三重基線（Triple Bottom Line）則包含財務、社會、與環境基線。財務基線為組織的經濟效益，社會基線指組織對社會與人文資本的影響，環境基線的焦點為組織在環境永續經營上的表現。

結合「影響力指標」與「財務指標」的矩陣地圖

矩陣地圖的X軸和Y軸分別是獲利能力和社會影響力，圓圈的大小則呈現組織投入在各專案的資源多寡。

例如專案A既能賺錢又有影響力，是組織應優先投入資源的項目。專案B雖然有影響力但不賺錢，必須仰賴專案A和專案C的利潤來支持。

至於既不賺錢又沒有影響力的專案D，則應考慮停止投入資源。

社會企業矩陣地圖

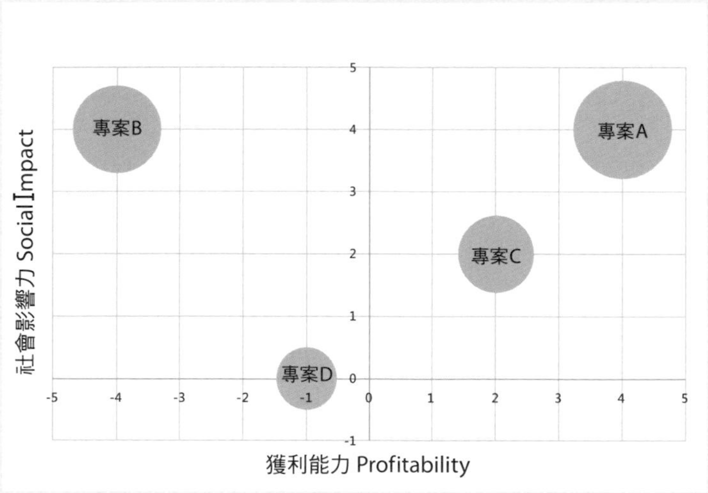

（改作自《非營利永續：為財務可行性做決策》一書。）

地圖的概念亦可運用於產品組合策略，將會在第五堂課詳細說明。）

下一個十年：生態圈協力，為台灣社會影響力評估體系打好基底

討論社會企業時，學界習慣以「生態圈」為喻，將社企網絡中的各個支持角色一同納入發展藍圖，探討如何透過彼此的互動產生綜效，而談論影響力評估時亦應如此。

從社企生態圈的視角來看，需要影響力評估的不只是社會創業者，影響力投資人和政府作為資源挹注者，同樣需要具可比性和公信力的評估標準，以提升資源分配的效益；消費者則可透過評估結果，檢視社會企業的表現，除了擔任支持者，亦肩負起督促者的角色。因此，影響力評估的發展影響著生態圈內的各個角色，而在未來，社會企業、學界、影響力投資方、評估顧問公司、政府和大眾也可能是形塑影響力評估發展方向和速度的關鍵。

如政府可效法英美，帶頭建置影響力評估的指標資料庫，如此一來，中小型組織便可自行在資料庫中找尋合適的指標和符合當地文化脈絡的貨幣化[8]金額，降低評估的技術門檻；影響力投資方和大眾則可透過實際行動（如投資和消費）支持主動執行影響力評估的組織。一直以來致力於研究和分享知識的學界，未來也將扮演不可或缺的角色，持續修正評估概念與工具，讓影響力評估能更貼近使用情境，而社會企業和評估顧問公司作為第一線的使用者，是否願意分享經驗、提供使用回饋，對影響力評估基礎研究和論述的累積亦相當重要。

期待下一個十年，是台灣評估生態圈協力共創、一同為影響力評估體系打底的十年。

以影響力評估研究和論述的累積，促進社企生態圈發展

台灣公益責信協會理事長余孟勳認為，社會企業與影響力評估的發展相輔相成，若將發展分成三個階段來看，台灣正從階段一「價值的爭辯與選擇」進入階段二「工具理性的發展」，而歐美地區發展較早，已開始邁入階段三「反思與檢討」，省思社會企業模式是否真正逆轉了社會問題的進程。

在台灣所處的階段中，雖然仍有爭論，但人們已逐漸建構出對社企價值的共同想像，並開始關心客觀衡量這些價值的方法。此時，無論是社會企業還是提供評估服務的顧問單位，都還在建立對評估概念和工具的認識，社會問題和評估方法的研究基礎仍有待建立。余孟勳提醒，扎實的基礎研究對社企生態圈的長久發展相當重要，若政府想要支持社會企業，這一塊資源的投注也不可輕忽。

---

8 「貨幣化」意指為原本沒有市場價格的事物賦予一個量化價格。舉例來說，若想要知道「增加長者社交互動」的價值，除了能用質化方法進行「長者更願意出門，因此身體更健康」的行為描述，也可以進一步將因為「更健康」而省下的醫療費用訂為「增加長者社會互動」的「價格」，達到貨幣化的效果。在實際執行如SROI等評估方式時，會因為考量的要素繁雜，而需進行更複雜的計算。由於貨幣化的過程中涉及許多主觀判斷，同一件事若由不同人來做貨幣化，算出來的金額也會不一樣，因此在將事物貨幣化時，需要讓他人了解計算的邏輯和過程，最終產出的數字才有意義。

第 5 堂課

失敗研究所

5-1 其實，九九％的社企創業都會失敗

根據二〇一五年Global Social Entrepreneurship Network（簡稱ＧＳＥＮ）推出的社企育成調查報告，只有一％的社會企業能成功找到商業模式、規模化成長，也就是說，其實九九％的社企創業都會失敗，由此可見創立社會企業不是一場美夢，反倒是一段需要面對重重關卡的崎嶇之路。

長久以來，人們喜愛從成功經驗萃取致勝捷徑，但多數時候成功案例只是單一個案，如非天時地利人和，很難如法炮製與重現。雖然成功無法複製，但小心避開隱形的失敗陷阱，卻是人人都可以嘗試的策略。「失敗研究所」裡的主人翁，共通點是「都曾失敗過」卻「不曾放棄過」，慷慨分享創業旅途最深刻的體悟，用自己在泥濘裡打鬥的狼狽故事，成就後進者的開花結果。第五堂課，用四個概念剖析社企創業者的常見誤區，探究從失敗經驗衍伸而來的重要課題。

勿把社企當慈善

「留得青山在，不怕沒柴燒。」社會企業要先讓自己活下來，爭取時間與資源累積創造社會

影響力的動能。

社會企業不是唯一解方

許多人之所以創立社會企業，在於想替自己的公益項目創造永續金流，然而社會企業並不是獲取穩定金流的唯一方法，有時成立非營利組織有策略地募款，可能會是更好的選擇。

成也團隊，敗也團隊

失衡的團隊管理是造成很多社企失敗的原因，真正健全的團隊仰賴領導者的反求諸己、共同創辦人明確的權責分派以及貫徹「以人為本」的組織文化。

失敗了，還可以砍掉重練！

創業失敗十之八九，失敗只是一種狀態、一個休養生息的頓點，那些曾經跌落谷底所累積的經驗，都將成為讓影響力開枝散葉的養分。

5-2 勿把社企當慈善

社企創業者必須同時撐著兩根杆子往上爬，一根是社會影響力，一根是商業獲利性，在往上攀爬的過程中，步步是藝術。抓對位置，將爬得更省力；抓錯位置，則可能瞬間失去重心、倒地不起。

社企創業者的兩難

二〇〇九年，許佐夫毅然決然放下十二年的傳播製片工作，以外行人的身分投入無障礙接送，成立「多扶事業」提供「孕、幼、老、輪」優質的服務。「我的初衷是希望以價值導向的服務業思維，來轉變這個總以低成本為依歸的產業。」佐夫表示，為使一般家庭都能負擔得起舒適的醫療接送服務，多扶的收費僅略高於公營的復康巴士，但實際收入並不足以支撐龐大的營運成本，入不敷出的金流把他壓得喘不過氣來。

此時，佐夫發現許多擁有行動不便成員的家庭無法如正常家庭般享受闔家出遊、踏青的樂趣，「無障礙旅遊」或許能成為多扶未來的機會，替多扶獲取更高的收益。

然而耳邊也因此出現耳語：「佐夫，你的初衷是提供優質的醫療接送服務，旅遊不屬於你的初衷，也無法真正幫助到你原本打算幫助、沒有身障手冊的一群，你應該堅持走在初始的道路上。」面對眾多的質疑聲浪，佐夫該如何在社會影響力與營運壓力之間作抉擇？

佐夫的故事，揭露著社會創業者每時每刻都在上演的「天使與惡魔的戰爭」。

社會先還是企業先？

社企創業者之所以面臨「天使與惡魔的戰爭」，是由於社會企業必須同時兼顧社會影響力與商業獲利性，因此常需依照現實環境動態調整兩者的平衡。

然而，社企流也曾看見「誤把社企當慈善」的創業者，因為忽略商業獲利的重要性而失去平衡。或許是因人格特質使然，這類創業者往往義無反顧地拋頭顱灑熱血，願意不計成本投入，猶如佛心來的慈善家，然而這樣的營運邏輯即便能短暫解決眼前的社會問題，卻往往為日後的營運埋下隱憂——長時間忽略顯性（金錢、人力）、隱性（時間、精神）成本與產出效益，反倒讓公司財務陷入空轉、從業人員精神無限消磨，使得立意良善的解決方案落得曇花一現的命運。

長期擔任創業者導師，本身也是「台灣公益責信協會」創辦人的余孟勳對此困境提供了一個可行的解方，他表示：「運用商業模式解決社會問題是社企創業者的宿命，他們必須努力讓組織活下來、爭取擴張影響力的資源。『產品組合』即是一種有效的策略工具，協助社企創業者在資源有限的狀態下，找到能為組織換取時間與資源的最適化配置。」

「『產品組合』（Portfolio）指的是在資源有限的情況下，多種服務或產品因資源投入比例之不同所產生的組合，不同組合將產出不同的財務獲利和社會影響力。藉此，社企創業者可以思考如何極大化組織價值，瞭解如何在財務獲利和社會影響力之間做取捨。而『產品組合』未必是一個僵固的答案，它可能因為組織不同階段的演化而產生動態調整。」余孟勳補充說明。

首先，社會創業者可以運用一張以X軸（獲利能力 Profitability）與Y軸（社會影響力 Social Impact）組成的四象限圖，依據目前業務的狀態來做分類，右上角順時針排列依序為「明星事業」（獲利能力與社會影響力皆高）、「搖錢樹事業」（有高度獲利能力但社會影響力較低）、「愛心事業」（有社會影響力但獲利較少甚或產生虧損）以及「禁止進入

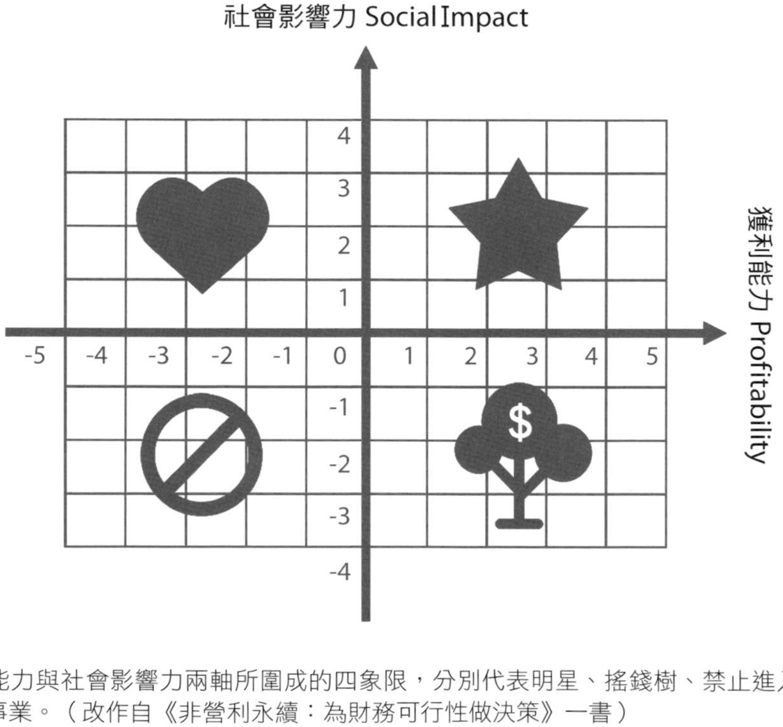

由獲利能力與社會影響力兩軸所圍成的四象限，分別代表明星、搖錢樹、禁止進入與愛心四種事業。（改作自《非營利永續：為財務可行性做決策》一書）

型事業」（獲利能力與社會影響力皆低）四區。其中「明星事業」是所有社會企業皆期待的模式，在做好事的同時獲得良好收益；「禁止進入型事業」則是社企創業者都應避免投入資源的事業。

余孟勳進一步說明：「以現實面來說，社會企業很難有明星商品，因為『做好事又賺錢』這兩件事同時發生的機率太低了。因此多數的社企創業者沒有太多選擇，必須先『企業』再『社會』，以『搖錢樹事業』來灌溉『愛心事業』，也就是給予時間、資源來扶植『愛心事業』的成長，同時探索『搖錢樹事業』為社會帶來正向改變的可能性。這樣的做法，在一般商業公司被稱之為『交叉補貼』。」

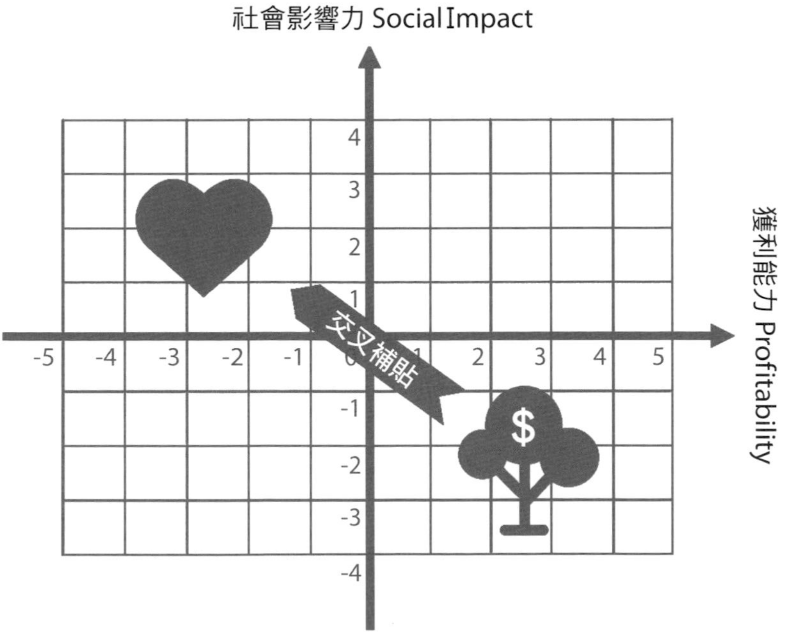

以「搖錢樹事業」營收來灌溉社會影響力較高的「愛心事業」。（改作自《非營利永續：為財務可行性做決策》一書）

留得青山在，不怕沒柴燒

面對社會影響力與商業獲利性的兩難，多扶後來採行的策略與「交叉補貼」的概念不謀而合。「在創業的數年後，我才真正理解，妄想用『以孝感動天』的態度來對抗資本主義的體制，實是過於天真！以每年所負擔的汽車保險為例，多扶只有二十輛車，相對於擁有三千台車隊的業者，多扶與保險業者之間完全沒有議價力可言，單一車輛所需負擔的保險費為其他同業的四倍，規模經濟的殺傷力是我當初想都沒想到的。」

佐夫仔細分析著一路走來的心得，他發現如果不嘗試改變策略，無論多努力都會被龐大的成本擊垮，於是多扶開始轉型，將原本大量投入醫療接送的資源轉往無障礙旅遊，並以「多扶假期」為品牌推廣各類主題式旅遊，像是長輩們最期待一年一度的媽祖遶境、武陵賞櫻等行程，並輔導旗下司機考取導遊領隊資格，成為「多扶假期」服務的優質管家，讓每個家庭都能「帶著管家去旅行」。

「很多人認為我變得市儈了，抱著旅遊這棵『搖錢樹』而拋棄了原本的醫療接送事業，但發展到後來，我們理解到多扶的旅遊服務其實是奠基於一開始的醫療接送服務——『多扶假期』其實也帶來了社會報酬，它讓照顧者與被照顧者同時喘息，使兩者得以釋放壓力去面對未來的長期抗戰。」佐夫深入解釋旅遊服務背後所隱含的價值。

多扶所採取的「交叉補貼」策略，不僅能使組織免於「被自我消滅」的命運，醫療接送事業也得以在爭取更多時間、資源後，擁有更好的發展條件與契機。未來或許可以期待「多扶假期」

這棵新崛起的搖錢樹進一步探索出更深層的社會價值，進而朝「明星事業」（高社會影響力與高獲利能力）的方向發展。

「勿把社企當慈善」，社會企業要先活下來，爭取時間與資源累積創造社會影響力的能力，畢竟留得青山在，不怕沒柴燒！

5-3 社會企業不是唯一解方

隨著政府推廣、各式支持組織林立，「成立社會企業解決社會問題」成為有志青年的美好願景，許多非營利組織也躍躍欲試，想透過轉型為社企創造永續的金流來源，然而，這未必是最好的解方。

十七年前，一場九二一大地震，讓位於震央的南投縣一夜之間成為了無生機的重災區。清水溝工作站便是在這個契機下成立，一群有志青年捲起袖子下鄉，

鹿谷老人食堂員工依照長輩飲食需求製備便當。

貢獻己力投入賑災與災後產業重建。當時在工作站蹲點的夥伴，發現當地因為青壯年人口外移問題嚴重，農村長者普遍有生活照顧的需求，於是發起「鹿谷老人食堂」，搭著當時勞委會重建大軍、九二一基金會的案子，讓人力、財力陸續到位，並與當時社區的茶葉合作社建構起「社區自力照顧」系統。

然而隨著賑災款、計畫案資金的撤退，老人食堂的營運資金頓無所依，當時的團隊很有骨氣，不想依賴政府資源，為了擁有獨立的經費來源，成立茶葉產銷公司「問茶館」（即後來的「清水茶坊」），期待透過公司盈餘支持老人食堂的運作。

社會企業，是解決永續金流問題的浮木？

清水茶坊長年與在地茶師合作，以鹿谷在地的高山比賽茶為主打商品，並用精美的設計來包裝、以老人食堂的理念來行銷，但多年來始終無法突破營運難關。為了湊足老人食堂的營運資金，只能不時挖東牆補西牆，夥伴因此多次汰換、初始團隊也相繼離開。

二〇一二年，多年前清水溝工作站的友好夥伴馬麗芬回到南投，接任「清水茶坊」執行長。馬麗芬說：「當接下清水茶坊執行長一職，才發現情況比我想像中糟了許多，公司帳面已負債一千多萬，夥伴薪水也積欠多時。」為了挽救清水茶坊疲弱不振的營運，以及償還未給付的員工薪資，馬麗芬大刀闊斧地展開一系列改造。

首先，透過勞動部的培力計畫引入補助款、蓄積組織動能，期待能帶來轉型契機；其次，馬麗芬發現清水茶坊一直以來都只有高山茶這個單一品項，然而經歷十多年的時間，市場需求、喜好已大幅轉向，傳統比賽茶無法符合一般消費者的需求，因此團隊開始嘗試開發商品、拓展品項。此外，成本結構的重新梳理也是改革要項之一，馬麗芬形容：「甫一上任，我就發現成本結構有很大問題，清水茶坊一直處於不賺錢的狀態，卻擁有多個倉庫，而倉庫裡堆積數萬個茶包裝、空罐子，顯見成本估算有誤，花費了過多資本在包材上。」

然而，即便歷經一番革新，清水茶坊仍無法力挽狂瀾。在馬麗芬放棄申請政府培力計畫，嘗試讓清水茶坊自立、走向獨立的企業路線時，儘管營收略有提升，仍不敵市場的競爭而吃了敗仗。夥伴薪水從二〇一六年三月就開始積欠，努力撐到了九月，馬麗芬決定長痛不如短痛，結束了清水茶坊以及老人食堂十七年以來的營運，同年年底，團隊將老人食堂原本服務的二十位老人家轉介給南投附近的非營利組織，由政府的長照資源來照應。

審慎自我評估，找到最契合的模式才是明智之舉

換個角度來看，清水茶坊的退場，讓老人用餐從社企轉由非營利組織和政府資源協助，不僅不用再犧牲員工的薪資權益，更實現了原本的初衷。從清水茶坊的經驗可以窺探，社會企業不一定是公益項目尋找永續金流的浮木，更不是解決社會問題的唯一解方。

在決定用商業模式實現公益理想前，需要再三評估產品競爭力，以及自身能力與價值觀，以免落入餵不飽自己，還要割肉餵養理念的窘境。畢竟，社會企業可說是同時承擔著企業與非營利

組織的兩份挑戰，並不只是「包裝一個產品」、「用理念感動人心」那麼簡單，除了要抓到市場需求、即時調整策略、扛起產品開發、行銷、銷售等營運項目，更要時時確保組織沒有偏離初衷，能透過商業模式產生社會價值。

那麼，究竟在什麼樣的條件下，才適合導入商業模式來扶植公益專案呢？以下幾個項目或許能作為評判標準。

清水茶坊精緻的冠軍茶禮盒。

一、商業模式是否與社會使命緊密結合，開創藍海市場？

綜觀許多從公益項目轉型為社會企業的失敗案例，錯植商業模式是一大主因。真正能與市場抗衡的社會企業，不只是單純販售產品這麼簡單，還要試著逆向思考，找到受益者身上存在的優勢價值，發展成獨特的產品服務，進而開拓藍海市場。培訓街友成為導覽員的「街遊」便是很好的例子，街友長年於街頭生存的生命故事，成為街頭導覽最獨特的元素，不僅為參與的遊客開拓眼界、弭平其對於街友的成見，更替街友本身帶來成就感與日常收入。

二、是否奉行產品服務至上，不把理念當作行銷萬靈丹？

訴諸創業理念的「故事行銷」手法，通常僅能吸引消費者的一次性注意，並不適合作為長久之計，且當先行者率先使用故事行銷手法後，持相同理念的後進者便失去了優勢。由此可見，長期而言，顧客最終衡量的標準不在於故事動不動人，而是在產品與服務的品質。

三、是否傾聽消費者需求，時刻確保產品服務在市場的熱度？

在瞬息萬變的市場上，想要永遠用同一種銷售策略，而不去探究市場需求，可說是天方夜譚。讓組織時時保持彈性、與時俱進，認清潛在競爭者，並依照市場需求調整策略、確保產品服務在市場的熱度才是上策。

四、是否擁有前端（行銷業務）與後端（研發營運）的專業人才？

許多公益項目在導入商業模式時，最常敗於「小看商場運作的專業性」，持續沿用非營利組織的邏輯經營企業。商業經營的各種面向都需仰賴專業人才協助運作，並不是沿用既有組織人員就好，因此在加入社會企業的行列前，姑且先問自己「團隊擁有這類人才嗎？」、「團隊願意重新學習商業經營實務嗎？」、「願意花費心力延攬專業人才進入團隊嗎？」如果沒有在市場取勝的信心與把握，可能不適合輕易踏入競爭激烈的戰場。

如果想實踐的社會使命，本身不適合營利，或不具有商品化的價值，又該怎麼辦？別氣餒，即使商業之路走不通，透過有效的策略，在非營利組織的模式下也有機會取得穩定的支持經費。

「為台灣而教」（Teach For Taiwan，簡稱TFT）即是近期台灣非常成功的非營利組織案例，在社團法人的組織型態下，培訓有使命感與領導潛力的青年成為偏鄉教師。教育本身的社會價值難以量化，因此TFT採行的做法，是努力讓組織的價值透過多元管道傳遞出去，並維持與支持者們密切的互動關係。例如成立偏鄉教師部落格，以教師日常的生活點滴傳遞教育理念，並頻繁透過社群媒體分享組織動態；定期舉辦TFT之友會，串連偏鄉老師與捐款人和議題關注者進行交流；設計展覽，帶領群眾認識偏鄉孩童面臨的難題，了解第一線教師最真實的酸甜苦辣等。TFT透過有效的群眾溝通與行銷策略，成功贏得跨世代族群對其專案的認同，甚而獲取資源挹注，實現他們的公益理想。

綜上所述，社會企業並非公益項目尋找金流的唯一浮木，透過審慎的自我評估後，找到最契合的經營模式才是明智之舉。

5-4 成也團隊，敗也團隊

什麼是創業旅途中最困難的事？許多創業者一致認為，組建一個讓每個成員都願意全心投入、齊心地往目標邁進的團隊，其實是最難的事。

溝通，是最重要的課題

一家社會企業的成敗，領導者經常扮演最關鍵的角色，因其一舉一動都操控著組織發展、並對整個團隊產生潛移默化的影響。盤點無數社企真實案例，不少組織領導者表示，「保持與夥伴的良好溝通」實為最需修煉的課題。

已身經百戰的「以立國際服務」創辦人陳聖凱，也曾不小心踏入疏於團隊溝通的誤區。近幾年，以立國際服務大部分的業務從企業對個人（B2C）轉向企業對企業（B2B），營運流程因為承辦許多企業志工服務隊而產生了改變，每次出隊前總要配合企業的日程與需求，使得當時的夥伴無法適應這種因為志工需求而影響到「受益者優先」思維的工作型態，更無法理解組織需要在商業獲利與社會影響力兩者間掙扎的兩難，夥伴甚至開始抱怨：「以立變得市儈了。」

從以立當初面臨的考驗可發現，以理念、社會使命為初衷的社會企業，常處於商業獲利與社會影響力持續動態調整的狀態，領導者必須花心力與夥伴們溝通，確保每一位夥伴都了解組織目前在商業獲利與社會影響力的平衡位置。舉例來說，領導者就好比在一〇一大樓最頂層，風景一覽無遺，而其他夥伴們處於其他樓層，看到的景象與領導者必定不同。此時領導者必須想辦法架起直通每層樓的電梯，時時移動到夥伴的樓層理解他們所看出去的風景，抑或是敞開雙臂，迎接夥伴到頂層看那遼闊的景色。

以立國際服務創辦人陳聖凱。

以立國際服務帶領隊員捲起袖子蓋房子。

共同創辦人的權責分派

共同創辦人就好比組織裡的手足，肩負著帶領組織前進的重大任務，彼此的權責分工充分考驗著夥伴們的智慧。

「老闆們各說各話，朝令夕改，到底該聽誰的話？」是許多擁有多位共同創辦人的團隊常面臨的問題。「鮮乳坊」創業初期也面臨同樣難題，三位創辦人負責不同功能別的業務，各擁決策權，三人「不同路數」的回應，常造成夥伴們處事上的困擾；和老婆一起創業的「好食機」創辦人謝昇佑也說：「和家人一起創業很踏實，但常常會發生彼此意見不同，讓底下人難做事的窘境。」

經歷無數組織衝突，鮮乳坊與好食機團隊領略到「只能有一個決策者」的道理。鮮乳坊將「三足鼎立」的權責分派改為「中央集權制」，把公司營運決策全權交予共同創辦人林曉灣，另兩位創辦人龔建嘉與郭哲佑則扮演公司對外形象經營、開發外部資源的角色，好食機謝昇佑也甘冒「得罪太座」的大不韙，請老婆讓出發語權，讓他作為發號施令的角色。兩個組織在新制度實施後，都大幅改善了營運的效率與穩定度，讓夥伴在明確引導下完成任務。

以人為本的組織文化

社企創業者總願用盡心力解決社會問題、協助受益者，甚至是滿足顧客需求，有時卻忘了回過頭來照顧組織內的大功臣——員工，甚至不乏聽到一些社企領導人大聲嚷嚷只想招募不計薪資水準、願意無條件付出的夥伴。然而這種短視、無視員工個人發展的做法，長期下來反而成為社企從業者流動率高、組織經驗無法延續的主因。如何打造人人都想留下來耕耘的工作環境，是社會企業普遍面臨的重大挑戰。

想了解如何突破「高流動率魔咒」，可以從「綠藤生機」觀察起。事實上，綠藤早期與多數社會企業無異，在經歷一連串試誤的過程，一路從苦於人才招募、極高流動率的組織，逐步形塑成人人競相加入的明星企業，共同創辦人鄭涵睿認為，其實這樣的改變沒有祕訣，端視主事者是否真心把員工當成重要資產，以及是否有心打造「以人為本」的組織文化。

綠藤對於夥伴的重視程度，可從每年寒暑期的實習生計畫窺知一二，綠藤為實習生們規劃嚴謹的培訓課程，輔以一對一導師制度，而扎實的培訓制度也為綠藤帶來了源源不絕的優秀新血。

此外，鄭涵睿更致力於打造「學習型組織」，他說：「綠藤一直在努力營造一種『持續有新能量、想法』的氛圍，舉例來說，我們會定期舉辦讀書會與挑戰賽，讓公司同仁間形成學習小組，持續進修與挑戰自我。」

綠藤的制度，也同時影響許多同儕企業，像是鮮乳坊，便將綠藤這套機制進一步融入組織。鮮乳坊人資部每月會主動提供同仁職務相應的培訓課程，並依職務相關程度，提供同仁課程費用補助，夥伴們也可主動選擇其他有興趣的課程參與；根據共同創辦人郭哲佑統計，只有三十位員工的鮮乳坊，光是去年一整年就補助了超過百萬元的進修費用。

相較於其他組織著重於最基本的人力資源「管理」，綠藤投資了更多的心力在人力資源「發展」，努力連結組織與夥伴個人的職涯目標。鄭涵睿表示：「綠藤二〇一七年第二季的目標是『讓所有夥伴在綠藤看到自己的未來』，我們的首要任務就是協助所有同仁畫出未來的職涯發展路徑，這全然是超越組織本身，因為我們想協助夥伴們在未來走得更穩更遠。」舉例來說，綠藤有位夥伴計畫到美國念商管碩士，鄭涵睿便協助她調整工作內容與方向，使其得以打造出精實的履歷內容去圓夢；另有一位負責供應鏈管理的夥伴，因為在既有職位上已達到一個高度，綠藤便提供方向與資源鼓勵她進修財務、原料管理新知，使其在職涯上得以更上一層樓。

「成也團隊，敗也團隊」，許多人都認同團隊是最重要的資產，然而願意投入資源、用心經營團隊的企業卻不多。從上述社企的經驗可窺知，組建一個能讓成員全心投入、齊心地往目標邁進的團隊，除了仰賴領導者與團隊的良好溝通、共同創辦人間有效的權責分派，更需要打造「以人為本」的組織文化，才能讓團隊與組織一起永續成長。

5-5 失敗了，還能砍掉重練

失敗背後的意義是什麼？兩個人，兩段創業歷程，用逆向思維迎接失敗，讓過去的經歷成為「砍掉重練」的契機。

到沒有人的地方打樁

二〇〇六年，張正在《立報》總編輯成露茜支持下，投入《四方報》越南文版的製作。沒多久的時間，《四方報》順利地推廣到越南配偶、移工族群，「我身上都會帶著《四方報》，每當看到外籍移工、配偶，就會順手送他們一份，很多人收到的當下滿是驚喜，甚至流下感動的淚水。」張正驕傲地說著當時《四方報》受歡迎的盛況，而《四方報》精準的閱讀客群，更為組織帶來企業廣告投放，讓團隊得以穩定營運下去。

時空轉換到二〇一二年，郭哲佑與一群同學、社會人士以及教授組成「17 support 社企一起幫」，以協會的型態開始推動社企公益商品的電子商務平台。一群年輕人充滿無限創意，推出全台第一個以社福商品為主題的中元禮品箱，一檔的社福商品組合就衝

越、泰、印、菲、柬五國語言版本的《四方報》。

出了近五十萬的營收，一炮打響這群年輕人的名號。

實踐理想的路，不只有一條

二〇一〇年《四方報》擴展成為五國語言版本的報紙，但好景不長，當時智慧型手機開始盛行，在人手一機的情況下，手機逐漸取代報紙成為外籍移工、配偶對外溝通的媒介，他們不再需要透過投稿《四方報》來發聲，Facebook等社群平台成為更好的媒介。於是，身為《四方報》總編輯的張正萌生了退意，認為自己已到功成身退的時候。

另一邊，郭哲佑的創業之路同樣出現轉折。在中元箱這個充滿話題性的專案之後，他察覺到儘管賺到了知名度、拿到政府補助，但現實是組織營收未有持續性的成長；團隊經驗不足、沒人擁有電商專業是致命傷，而禍不單行，幾位夥伴也因為個人生涯規畫而相繼離開團隊。組織持續處於混沌狀態，為了賭一次翻身機會，郭哲佑嘗試與大企業合作推出聯名商品，便向團隊大膽提議藉機把社團法人公司化，沒有多久的時間，團隊高層找來外部投資人增資，17 support正式轉型為公司。然而，此時的郭哲佑卻因為組織的人事重整，必須離開投注許多心血的團隊。

不同的時空、不同的領域，卻同樣離開起初創業心血的兩個人，該往哪兒走？

離職後的張正並沒有閒著，他發現長久以來電視媒體對於外籍勞工、配偶議題鮮有著墨，就像是過去美國社會裡黑人當不了主角，台灣也面臨同樣的狀況，但若主流媒體始終未把他們放在思考範圍裡，那麼新移民平權運動更是難以推行。於是《唱四方》節目誕生，邀請外籍配偶在電視上分享才藝，終極目的是潛移默化地鬆動大眾對於新移民的刻板印象，利用大眾媒體促進群眾思辨與討論，可惜最終仍因資金短缺、沒有創造足夠曝光，成了不敵現實的計畫。

至於離開 17 support 後的郭哲佑，則在一次採訪中認識了獸醫師龔建嘉，閒聊下才知道龔建嘉正在籌備群眾募資，打算創立一家叫「鮮乳坊」的社會企業，改造台灣的酪農產業，提供無成分調整的高品質鮮乳，但卻不知道要如何湊足資源。郭哲佑當時沒想太多，單純認同龔建嘉的理念，就熱心地分享過去累積的人脈資源，帶著這位獸醫師到處去串物流、金流，尋求合作機會，陰錯陽差下成為鮮乳坊募資的大力推手，進而被邀請加入團隊，成為鮮乳坊的共同創辦人。

走過的路，都是隱藏的祝福

張正就像不死火鳥般，在《唱四方》後，又推動了「移民工文學獎」。第一屆移民工文學獎得獎者的一句：「閱讀讓我感到自由」，觸動張正，為了滿足異鄉人對於閱讀的熱情與渴望，繼而創辦「燦爛時光東南亞主題書店」。

這家獨立書店很特別，發起一人一書活動，邀請至東南亞旅行的台灣人成為「帶書者 Carrier」，一人攜帶一本東南亞語言書籍回台灣，在台灣各個角落設置據點，免費提供台灣的移工、外籍配偶閱讀。燦爛時光不僅為東南亞移工、外配爭取閱讀的權利，更提供台灣人一個理解東南亞文化、語言的平台，透過各式講座分享、語言課程拉近台灣人與新移民之間的距離。這一次的嘗試，張正顯得游刃有餘，或許是一路累積經驗值的加持，成功打破「獨立書店活不下去」

的江湖迷思，影響力似乎也散布地更遠了。

回顧張正一路走來，每個里程碑的告別與轉身，都宛若雲淡風輕，他說：「在我的價值觀裡，幾乎否定了成功與失敗的二元定義，那些被認定是失敗的，可能只是設錯了績效指標（KPI），當面臨跌跤、停滯的時候，我們僅需承認自己的能力不足或是想得不周全，而不是一味地認為失敗了。要記得我們曾那麼努力地打過美好的一仗！」

而鮮乳坊的初登場，在郭哲佑的加持下，顯得擲地有聲。短短兩個月募資，就創下六百萬的好成績，成功串起廣大消費者的行動支持。郭哲佑事後分析：「我們很幸運，鮮乳坊計畫上線時，正好是民眾對食安議題義憤填膺的時刻，鮮乳坊提供了一個簡便、無痛的解方來滿足大環境的需求，同時，銷售策略選擇顛覆傳統的『非典型通路』，拋棄傳統通路層層削弱的利益分配模式，一方面得以提供酪農高於市場行情一〇％至一五％的收購價，另一方面也讓消費者可以在住家周邊的文具店、咖啡店買到鮮乳坊的乳品，明確區隔出鮮乳坊與主流鮮乳品牌的定位。」

鮮乳坊創業初期的資源、合作機會，源於17 support時期郭哲佑到處征戰累積的五百張名片，如今三十人的團隊裡，許多夥伴都是他在17 support時期合作過的優秀人才，有設計師、網站工程師、電商專家等，使得鮮乳坊成為武林好手聚集地。由於當初的磨礪，郭哲佑得以知道什麼地雷不要踩，什麼樣的決策才是對組織長期發展的良藥，讓鮮乳坊在草創初期就站穩市場。

17 support的經驗除了帶來資源上的優勢，也為郭哲佑帶來心性上的提升，他坦承當年的自己主觀意識很強，常聽不進別人的意見，跌過跤、吃過虧，使他學會成熟處理夥伴間的應對進退，加上兩位共同創辦人的各司其職，鮮乳坊形成穩固鐵三角，得以闊步前行。

位於中和興南路的「燦爛時光東南亞主題書店」。

長年深耕新移民議題的張正。

致力於改造酪農產業的郭哲佑。

曾經跌落谷底所獲得的學習，都成為催化張正與郭哲佑影響力開枝散葉的養分，就像聖經上一句經文所述：「一粒麥子不落在地裡死了，仍舊是一粒，若是死了，就結出許多子粒來。」類似張正與郭哲佑的故事，社企流已看過無數回，而這些失敗與轉型的寶貴經驗，也再三讓我們確信：失敗只是一個狀態、一個中繼站，只要繼續踏實走去，那些片段與累積，都將轉化成對未來的祝福。

第 6 堂課

與企業共創

6-1 小蝦米和大鯨魚，也可以是夥伴

如何擴大社企的規模，一直是個備受矚目的議題，現在有愈來愈多一般企業觀察到社企這股新興力量，開始嘗試以融資、採購、輔導等各種方式與社企攜手合作，擴大社會影響力。

企業資本主義的反思：不只追求利潤最大化

「企業存在的目的，就是為股東創造最大價值」的傳統想法，近年來在社會對資本主義的反思下有了改變。企業是社會與環境的一分子，其所運用的資源皆來自社會，愈來愈多企業認知到「取之於社會、用之於社會」的重要性，也將員工、社會、環境等不同利害關係人社群的整體價值納入考量。

因此，企業社會責任（Corporate Social Responsibility，簡稱CSR）與企業公民（Corporate Citizenship）等精神益發受到重視，而企業履行CSR、實踐社會責任的管道更十分多元，如捐款給慈善機構幫助偏鄉兒童、舉辦志工服務進行淨灘活動等。

隨著社會企業概念的興起，許多企業發現運用CSR資源與社企合作，除了能夠改善他們所關注的社會議題，資源亦能更有效被運用（如促進社企永續發展、帶來社會與環境面報酬），因

此也開始投入社企發展的支持行列。

社企擴展規模的契機：找尋 Mr. Right，打入企業供應鏈

另一方面，社會企業也觀察到一般企業供應鏈的多元性和規模性：企業日常營運所需要的產品或服務可謂包山包海，從員工膳食、團體制服、辦公設備、教育訓練到娛樂活動等，若能與企業建立業務關係，讓社企產品及服務成為大企業供應鏈的一環，對社企而言也能達到擴展事業規模之效。

英國社會企業商會（Social Enterprise UK）於二〇一一至二〇一五年進行的產業調查顯示，約五〇%受訪社企會從企業端獲取業務收入，且比例持續增加；經濟部中小企業處於二〇一六年委託台灣經濟研究院所做的「台灣社企型公司營運特徵調查」中，更有四〇%受訪社企的營收源自企業採購。

社會企業與一般企業合作的三種類型

社會企業創投「聰明人基金」（Acumen Fund）於二〇一五年發布的研究報告〈*Social Enterprises And Global Corporations Collaborating For Growth With Impact*〉，將社企與一般企業的合作分為以下幾種類型，分別在動機、目標、資金、績效等要素上的考量點有所差異（參

見下圖）：

❑通路合作（Channel Partnership）：

企業在營運過程中（如教育訓練、年節送禮、辦公設備等）採購社企產品或服務。

❑技能合作（Skill Partnership）：

企業員工擔任志工導師，提供社企所需要的商業管理諮詢。

❑資金合作（Venture Partnership）：

企業出資與社企開發新事業體和產品服務，或透過企業基金會及CSR專案，贊助社企的營運或專案。

合作類型

通路合作 Channel Partnership	技能合作 Skill Partnership	資金合作 Venture Partnership

合作考量要素	
動機	參與合作每個單位有何需求？合作動機和預期效益為何？
目標	合作夥伴們想攜手達成什麼目標？
角色	社會企業與企業各扮演何種角色？還有其他合作夥伴嗎？
營運結構	合作夥伴的組織架構為何？專案如何溝通？決策如何進行？
資金結構	各合作夥伴所需花費成本與投入時程為何？資金來源為何？
績效指標	各合作夥伴如何衡量專案成功的績效指標？

社會企業與一般企業的合作類型與考量要素。（改作自聰明人基金研究報告*Social Enterprises And Global Corporations Collaborating For Growth With Impact*）

由聰明人基金的報告可看出（參見下圖），社企具有對社會問題的洞察及創新能力，而一般企業則有較大規模與較多資源，因此透過兩方的合作，不但能發揮企業本身核心專業、提升企業品牌形象，亦能運用一加一大於二的綜效去解決社企所耕耘的社會問題，產生互利雙贏的效果。

社會企業	合作效益	一般企業
風險容忍：能快速測試投資報酬率不明的創新發明點子或方法	新產品服務 新商品模式	**機會成本：**對投資報酬率有一定要求，不易鼓勵激進式創新
深度洞察：了解服務對象（受益者）的需求、動機、生活模式等	客戶與市場洞察	**有限洞察：**可能理解何種產品服務大賣或不賣，但不見得知道原因
較小規模：資源有限的營運、供應鏈、客戶網絡等與較高的營運成本	新通路與客戶	**較大規模：**廣大甚至跨國的營運、供應鏈、客戶網絡等，具經濟規模
有限資源：現金流限制、人力有限	員工參與及發展 供應鏈關係	**充沛資源：**預算較充裕、人才品質與數量皆較高

具社會影響力的成長

社會企業與一般企業的合作效益。（改作自聰明人基金研究報告 *Social Enterprises And Global Corporations Collaborating For Growth With Impact*）

6-2 通路合作——提供銷售特快車

一間較具規模的企業，日常營運所需要的產品服務從員工膳食、團體制服、辦公設備、教育訓練到娛樂活動等包山包海，因此開發中大型企業成為社企銷售產品服務的管道，是最直接且可複製的合作模式。

用新台幣支持社企，管道最多元、合作最方便

「消費」是一般企業對社會企業可採取的最直接支持，透過採購行為能同時對社會和環境帶來正面影響，加上合作門檻較低、採購已有預算無須額外花費，因此購買社企產品服務的通路合作模式，往往是一般企業支持社企的入門磚。

將社企融入企業供應鏈，除了提供社企曝光、採購等機會，也讓社企更貼近市場，使企業的員工、消費者等利害關係人，更加認識社企與其受益者。在通路合作上，亦可細分為營運、送禮、倡議等類型，社企流將各合作類型可發起部門、單次觸及人數、所需時間與資金、可預期效益等整理如下。

台灣有不少企業皆是「用新台幣支持社企」的盟友，例如：

❑企業營運

透過企業營運各面向：食（如員工團膳、部門聚餐）、衣（如員工制服、洗沐用品）、住（如節能設備、環保用品）、行（如綠色車輛或復康巴士）、育（如教育訓練、志工日）、樂（如部門旅遊、企業活動表演）等，採購社企產品服務，讓同仁能初步認識社企。如Google採購「生態綠」公平貿易咖啡作為公司茶水間飲品、友達光電向「鄰鄉良食」採購友善農產品、保德信人壽委託「黑暗對話社會企業」進行部門教育訓練。

❑企業送禮

如星展銀行、保德信人壽採買「直接跟農夫買」年節禮盒作為員工或客戶贈禮；星展銀行亦購買服務身障就業的「勝利基金會」手工琉璃作為員工贈品，讓收禮人（如客戶、眷屬）了解企業對於社企的支持。

❑活動擺攤、知識分享

如星展銀行、保德信人壽、研華科技皆曾安排多家社企於企業內部活動中（如業務大會、員工Happy Hour、家庭日、VIP客戶活動等）擺設攤位或分享理念，貼近日常生活的安排，能夠引起同仁關注社企的興趣，而同仁透過現場產品試吃／試用認識社企、亦給予社企來自市場面（消費者）真實回饋與建議。

企業端合作心法：以身作則、共享價值

對於具有一定規模與既有供應鏈的中大型企業來說，採購社企的產品服務，意味著會經歷更換廠商、挪動預算、控管品質及教育使用者等環節，那麼開啟合作的心法與要領為何？社企流採訪數家具有與社企合作經驗的企業代表，歸納出以下洞察供參考。

一、以身作則

企業開啟與社企合作的第一哩路，往往由其公共關係、市場行銷、企業溝通或人力資源部門的同仁開始。例如星展銀行從二〇一〇年起便以扶持社會企業為公益主軸，集團推廣策略暨傳訊處處長蘇怡文表示，五年前她從零開始推廣社企合作，最重要的是「以身作則」，從自己部門開始，持續採購社企產品做為媒體和員工贈品，讓大家從試用中建立信心，同時透過客製化包裝來說明社企理念和集團支持的初衷，扭轉大家對於社企產品價格較高、品質較差的刻板印象，進而感召其他部門也向社企採購、擴大影響力。

二、共享價值

中大型企業員工數眾多，如何找到對的溝通角度，讓支持社企的動心起念不僅限於CSR部門，也是一大學問。

以舉辦「SOC青少年志工菁英獎」已有十七年的保德信人壽為例，其市場行銷處副總經理

林維軒觀察，由於保德信同仁參與社會公益行之有年，說服他們將資源擴展至培育社企創業者並不困難。他也以和「DOMI綠然能源」換裝環保燈管為例，說明在公司內部推動時，可從各部門在意的要點切入，例如在與財務部溝通時可強調合作帶來的投資報酬率，與總務部接洽時則從設備方便且容易使用來切入，同時也透過內部刊物等管道向其他同仁說明合作專案能如何對環境產生正向幫助。

社企端合作祕訣：溝通理念、重視品質、積極招商

在通路合作上，除了企業端的努力，企業代表也觀察到一些社企能夠更精益求精之處，讓雙方合作更為順暢。

一、溝通理念

社企的動心起念都很好，但不代表這個社會或消費者就一定會買單。因此社企在販售產品服務時，如何清楚且有策略地溝通「社會使命為何」便非常重要，建議社企作通盤規劃，嘗試不同品牌溝通與行銷策略，找出能打動客戶的「甜蜜點」。

二、重視品質

將社會使命說明清楚，有助於社企接下訂單，而客戶滿意度與回購率，則繫於產品品質上。

企業代表普遍反映，社企在報價、樣品、包裝、質感上還有精進空間，也建議社企別忽略消費者需求，從客戶的角度出發去開發產品，更能將產品品質提升至客戶滿意水準。

三、積極招商

「活水社企投資開發」共同創辦人陳一強分享，社企鮮少有人懂得運用數據營銷（Database Marketing）、目錄營銷（Catalog Marketing）等技能開發企業業務，與企業合作時往往較為被動。像是星展銀行過去五年來，從未遇過主動提供產品服務型錄做推銷的社企，都是由集團主動詢問，鼓勵社企在招商上應更加積極。保德信人壽建議，企業採購的要求與作業流程較多，加上前一年就編列好今年的年度預算，鼓勵社企盡量於前一年度便開始洽談合作，讓企業在預算上保留空間。

保德信人壽也建議，體驗式行銷（Experimental Marketing）也是社企能與其他業者差異化的優勢，例如直接跟農夫買從舉辦下鄉一日農夫耕作體驗活動，直接連結企業消費者與產地、生產者產生關聯，創造顧客心儀的生活形態與消費經驗，有助於播下企業內推動種子，成為社企消費的「鐵粉」。

6-3 技能合作——給魚吃不如教釣魚

每間企業都有自身擅長的知識與技術，如果可以用來協助社會企業發展，更能凸顯企業的核心價值。若企業員工們都能認同社企理念、找到能貢獻一己之長的方式，技能合作將對社企帶來更系統性的影響。

當志工，不只出體力，更能出「腦力」

對社企創業者來說，除了理想跟社會使命外，產業知識、事業規劃、經營能力等更是永續發展的關鍵，然而社企多為微型或中小企業，創業者通常較缺乏管理大型組織的經驗以及對社企持續成長藍圖的想像。

而社企對專業知識與技能的需求，也開啟了與企業合作的另一扇窗。有別於傳統鼓勵員工去植樹、淨灘等貢獻體力的社會服務，強調貢獻腦力的「技能導向志工服務」（Skill-Based Volunteering）興起，鼓勵企業員工擔任志工導師，提供社企所需要的商業管理諮詢。

舉例而言，「安侯建業聯合會計師事務所」（KPMG）台灣所便設有社會企業服務團隊，提供財會諮詢服務給多家社企。國內最大麵粉廠聯華實業則與「喜願共合國」攜手合作，提供研磨加工、麵粉儲運與銷售等知識技術，共同改善台灣糧食自給率不足的問題。

企業與社企支持組織合作，借力使力擴大影響

要找到願意擔任志工的企業專業經理人、充分了解其技能，並與社企創業者的需求進行媒合等過程，並非易事。因此，透過與社企支持組織攜手，更能讓企業在技能合作方面的資源達到「點串成線、連成面」的系統影響力。

舉例而言，日本培育社會企業的支持組織Entrepreneurial Training for Innovative Communities（簡稱ETIC），便與大型企業如電信集團NEC、民生消費用品公司花王合作成立「起業塾」，由ETIC系統性媒合企業端的策略、財會、IT等人才擔任社企創業者的導師。

社企流的「iLab社會企業育成計畫」也秉持相同精神，將星展銀行、保德信人壽、永齡教育慈善基金會、研華科技、新竹物流等企業夥伴在財務、人資、業務、行銷等面向的專業經理人資源，透過主題授課或個別諮詢的方式，為社企創業者傳授管理能力、解決其經營問題。

細水長流，達到雇主、員工、社企的三贏局面

技能合作雖然不見得和通路合作一樣，能帶給社企即刻的財務效益，但企業專業經理人擔任

導師所傳承給社企的經驗與智慧，卻能對社企創業者產生潛移默化的影響，而企業也將從員工協助社企的過程中，獲得許多正向回報。

技能合作創造雇主、員工、社企三面向效益

對導師的好處	● 有機會運用自身專業，在全新領域深入了解社會問題的最新脈動 ● 促進導師去開發、釋放自己所有知識與技能，激發創新思維 ● 強化人際溝通和指導技巧，並將此技巧運用在自身職涯上 ● 得到工作上的滿足感，並從幫助社企發展新創事業中獲得正向能量
對雇主的好處	● 開發員工才能、進而提升其工作動機與留職率 ● 作為公司在企業公民與良好治理的體現 ● 作為公司探索創新思考的多元管道 ● 得以接觸新創社會企業的廣大人際網絡
對社企的好處	● 增進社企創業者的知識、能力和潛力 ● 改善社會企業的永續性與影響力 ● 增進對商業最佳實務的了解

6-4 資金與業務合作——增加永續發展動能

除了通路與技能合作，許多企業也會與社企合作開發業務，或透過所屬企業基金會或CSR部門提供贊助性財務資源，支持社會企業本身或生態圈發展。

一般企業與社會企業的資金與業務合作方式十分多元，社企流歸納整理為下列三種類型，並提供實際範例作參考。

一、企業提供直接性資金給有資金需求的社企，強化企業贊助或投資行為的永續性

❑ **種子資金**：透過競賽、推薦等形式接受社企提案，給予優勝者助其發展事業。如研華文教基金會所舉辦的 TiC 100 社會創業競賽、星展基金會所舉辦的亞洲社會企業挑戰賽與社會企業發展基金等。

❑ **股權投資**：企業出資成為社企的股東（法人代表），與社企共同追求財務與社會報酬的成長。如中華開發金控投資綠色生活品牌「綠藤生機」、工研院投資「2021 社會企業」。

❑合資公司：企業與社企聯合投資設立新的公司，將雙方核心能力挹注在新公司中。如諾貝爾和平獎得主、孟加拉窮人銀行創辦人尤努斯與全球最大乳製品製造商達能成立合資公司Grameen Danone Foods Ltd（簡稱GDFL），為孟加拉兒童製造更營養優格。

二、企業提供間接性資金，分擔社企在行銷宣傳、營運空間等面向上的成本

❑實體空間：為社企提供實體空間進行辦公、交流。如星展基金會贊助台北社企大樓的共同工作空間「台北社企星展小棧」、美國摩根大通集團贊助勝利基金會成立「勝利廚房」等。

❑倡議宣傳：提供企業所屬活動場地與宣傳資源。如星展銀行為社企拍攝形象影片及微電影，並透過集團自媒體協助推廣、提升大眾對社企的認識。

三、企業與社企共同開發專屬業務機制，透過雙方客群進行推廣，相互加乘

❑業務優惠：將企業核心業務以低於市場行情的優惠提供給社企。如新竹物流成為媒合捐贈物資的「Give543贈物網」之物流夥伴，提供運費優惠；星展銀行的社會企業專屬帳戶提供手續費和利率的減免。

❑產品研發：運用企業核心能力，與社企聯合開發新的產品服務。如「2021社會企業」與21世紀風味館聯名推出老梅烤雞、哈肯舖手感烘焙麵包攜手「鮮乳坊」製作醇乳糕點。

6-5 知己知彼，合作才能長久

社企與一般企業合作雖有機會創造綜效，但實際執行並不如想像中簡單。社企流從過去與許多社企創業者及企業代表互動的經驗，歸納出常見挑戰與因應之道。

社會企業端的三大挑戰

一、組織使命差異

社企的使命緊扣著欲解決的社會問題，企業合作動機則同時包括回饋社會、節稅、提升品牌形象等，若未先釐清雙方理念與期望，可能使合作帶來風險。

二、組織運作差異

社企常因無法理解與掌握一般企業的運作流程，包括決策架構、決策時間、客戶需求、提案關鍵等，導致雙方合作起來備感壓力與衝突。

三、合作關係傾斜

有些企業會較主導合作過程，將組織文化及運作模式強加於合作的社企上，而社企為了接下大案子來累積信用，常面臨到需犧牲組織信念、服務模式等風險。

企業端的三大挑戰

一、社企產品有待優化

一般企業在採購外部單位的產品服務時，對於品質有一定要求，即使採購量大也要維持既定水準，或希望產品能客製化，但目前小規模的社企較難達到此標準。

二、社企回應速度較慢

因社企普遍規模較小、人手不足，一般企業向社企訪價、討論產品規格、甚至採購後的交貨付款時，常無法得到社企的迅速回覆。

三、社企未提早規劃

許多社企往往忙於眼前業務，卻忽略了需要提前規劃、投入一定資源開發與企業合作的業務，因此當企業與社企洽談時，常發現彼此的業務時程與專案無法配合。

綜上所述，社企該如何知己知彼，掌握能運用企業資源的機會，又降低合作挑戰發生的機率呢？社企流整理以下關鍵要素供參考。

關鍵一：了解企業真實運作

社企愈了解一般企業運作的真實面，合作起來也會愈有效率：

一、確認決策層級

若是尋求企業贊助，通常基金會或CSR專案人員會是社企第一次接觸的窗口，而該部門的主管會是決策者；若是尋求企業採購，則基金會或CSR專案部門至多擔任推薦者，採購部門才握有決策權。因此，了解企業真實的決策層級與分工非常重要。

二、理解決策時間

大型企業的每個部門皆有第一線執行者、中（高）階主管、最高決策者等層層分級，加上各部門負責事務眾多，因此在決定是否與某社企合作的時程便拉長不少，決策所需要的資訊也較多，但相反地合作的平均金額和規模也較大。

三、提出套裝合作方案

承上，由於企業內部決策過程較長，若社企提出的合作方案是一整套而非單一選擇，則提案在企業內部過關斬將的機率便能提高。例如，若社企一次提出A、B兩種合作方案，則企業內部若覺得方案A不可行，還有B方案可同時討論。

四、了解競爭者為誰

與企業合作，社企面對的競爭者可能不只是其他社企。對企業採購而言，其實會將社企的產品服務與一般中小企業一起比較，評估價格、品質、出貨時間、是否能為企業量身訂做等面向，但這點卻常常被社企所忽略。

關鍵二：品質才是決勝關鍵

無論是企業贊助或採購，社企產品服務的品質才是決勝關鍵。企業期望的是以合理價格支持或購買優質的產品服務，而非以極低廉價格獲得品質不佳、會讓使用者抱怨連連的產品。

至於社企是否需要「為合作企業量身訂製產品或服務」，企業代表們普遍認為，適度的客製化服務是加分，但若一個社企所有業務皆是百分之百客製化，企業客戶也會擔心該社企在發展核心能力和業務上的可持續性。

關鍵三：互惠關係才會長久

社企創業者和企業代表皆提到，企業與社企間要建立平等、互惠的合作關係才能長久，這樣的合作關係建立在幾項要素上：

一、雙方共享價值

了解社企與企業之間共同分享的價值有哪些（如社會兼容、環境保育、弱勢賦權等），以及社企能回應的企業端需求有哪些（如贈禮採購、教育訓練、辦公設備等），雙邊一致性愈高，合作可能性也愈多。

二、雙方關係對等

企業與社企的合作不該是一高一低的狀態，社企有時需要有勇氣拒絕企業不合理的要求（如砍價、只追求媒體曝光、不給合理時間處理等），這不是個容易的決定，但卻是雙方需要努力的方向。

關鍵四：專業紀律的建立

與企業合作的眉角雖然不少，但透過與一般企業的合作，社企能夠在內部營運上變得更專業、更有紀律和架構。以社企流為例，公司從與企業合作中，學會提早一到兩季規劃業務，而在研究並理解企業文化和溝通語言後，團隊在規劃和執行專案的時程、應對上也更加專業有條理。

當社企能夠提供企業認可的優質服務後，企業也會樂意成為社企的重要推薦人，帶來後續更多企業端的業務機會，形成正向循環。

第 7 堂課
改變加速器

7-1 改變社會不一定要站在第一線——這群「支援前線」的組織，是社企的最強後盾

如同蝙蝠俠行俠仗義，背後卻少不了萬能管家「阿福」為他打理一切；在第一線服務社會的社企創業者們，身後也需要一個（或無數個）阿福，成為他們的軍火庫。

「社會企業生態圈」就是創業者們背後的阿福，也是整體社會企業產業的支持系統。這群支援前線的組織，分別在生態圈中扮演「概念推廣、社群建立、財務支持與能力建置」四大角色——有的在前頭傳播理念，為創業者開路；有的負責串連不同的社企，促進社創者之間的交流；也有人出錢出力，提供資金和育成服務讓社企成長茁壯。

一、概念推廣——先走一步，為創業者鋪橋造路

在台灣的各個角落，有許多社創者們默默實踐著「小而重要」的事。然而，他們往往欠缺行銷資源，難以爭取曝光機會，鮮少被大眾熟知。因此負責「概念推廣」的組織，便常透過媒體報導、資訊彙整與課程交流等方式，讓大眾更加了解社會企業與社會創新的概念，進而對社企產生

認同與支持。

例如有些線上媒體即利用網路即時、方便傳播的特性，讓有影響力的社企案例與創新趨勢能更快觸及大眾。除了媒體平台，有愈來愈多大專院校也紛紛成立社會企業研究中心，開設社企相關課程、舉辦研討會、出版學術研究；學生社團、商業競賽與書籍出版也都是推廣並深化社企概念的重要媒介。

概念推廣的組織在社企生態圈中，扮演一座知識橋梁，透過推廣各種社會企業的新知、案例與趨勢，成為民眾接觸社企理念的第一個契機，為社會企業的發展鋪路。

二、社群建立——眾志成城，創業者的人脈補給站

如果說概念推廣的組織扮演社創者的開路先鋒，那麼「社群建立」的組織則可謂是創業家的人脈補給站。

為了避免社創者單打獨鬥，社群建立的組織專注於促進社企產業間的交流，透過舉辦年會、論壇等活動增進社企從業者的互動機會。「認證機制」亦為建立社群的重要渠道，而近幾年國際間掀起的「共同工作空間」風潮，也吹進了社會企業圈，提供辦公空間讓社會企業進駐。

社群建立的支持組織為社會企業打造交流平台，透過線上、線下等交流活動，讓社企工作者得以和產、官、學各界人士串連起來，同時拓展自己獲得外界資源或與外界合作的機會。對於社會企業的永續發展而言，這類支持組織扮演相當重要的角色。

三、財務支持——有錢出錢，創業者背後的金庫

許多創業者在一頭栽入事業後，碰到的第一個難題往往是「錢燒得比想像中快」。「財務支持」的組織便成為社創者們背後重要的金庫，主要可分為社會創投與群眾募資兩類。

社會創投聚焦於社會效益，而不只是金錢回報，除了一般創投最在意的投資報酬率（ROI），社會創投同時也注重社會投資報酬率（SROI）。現在更有不少社企新創利用群眾募資平台發起募資專案，不僅能匯聚眾人的小額贊助之力，更能達到行銷宣傳之效。

財務支持的組織為社會企業提供資金來源，讓社創者們得以撐過初創時期的艱辛。

四、能力建置——有力出力，創業者的能力大補帖

除了燒錢這一大難題，社創者的前頭往往還有行銷、銷售、法規、財會等好幾座大山需要跨越，此時「能力建置」的組織便無比重要。他們致力於為社會企業提供營運管理所需要的技能、資源與顧問諮詢，協助社會企業達到永續經營。

從初創邁向成熟，就如同新生兒逐漸長大一般，社會企業在不同的創業階段會需要不同的協助，目前從初創時期、穩定營運、到永續發展等各階段皆有不同的組織提供育成服務。近年來更有不少企業運用自己的專長，例如財會、行銷、銷售等，為社企提供專業的顧問諮詢。

能力建置的組織就像社創者們最忠實的朋友，無論是草創階段碰到的困難，或是一般社企營

社企生態圈是社企發展的最強後盾

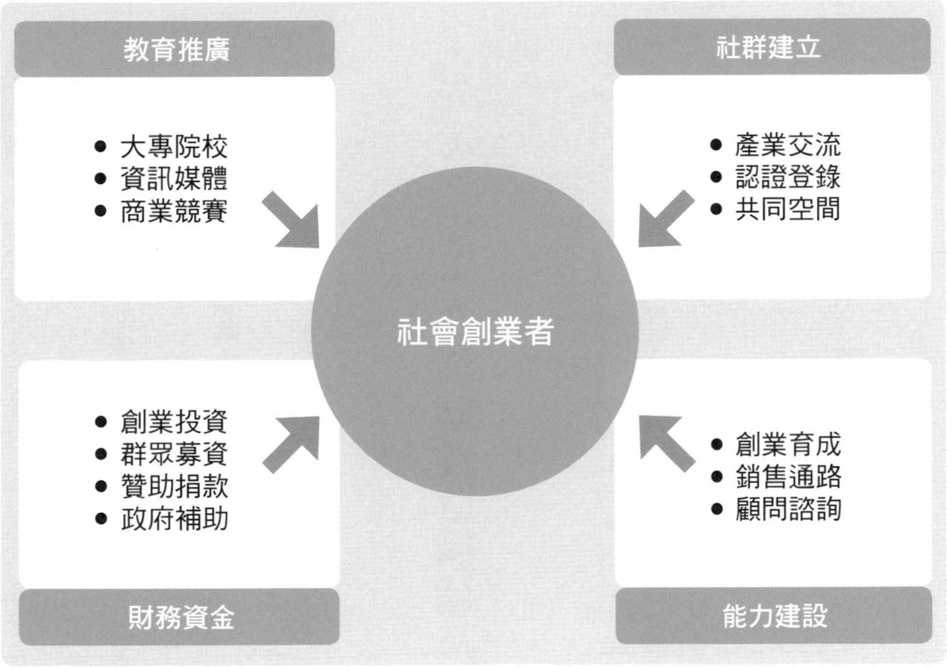

運上遇到的瓶頸與挑戰，這類組織皆能擔負起後勤的重任，根據創業者不同的狀況給予協助，使社企達成最終的永續發展。

如果說，一個萬能管家阿福成就了一個蝙蝠俠，那麼要促進台灣的社企發展，更需要千千萬萬個阿福。社企生態圈中的四大支持角色，在各自的崗位上提供社會企業多元面向的資源與協助，幫助社創者完成使命、創造更多影響力並達成永續發展——誰說改變社會一定要站在最前線呢？

7-2 概念推廣——先走一步，為創業者造橋鋪路

五年前，「社會企業」這一名詞剛在台灣萌芽，當時學術單位僅有輔仁大學一枝獨秀，而近幾年不僅有更多大專院校投入，學生也開始自發性地建立相關社團，校園外的媒體也開始關注社企。推廣社企概念的組織日漸增加，使得社會企業在台灣更廣為人知。

從教授個別授課到跨校協力合作，學術單位的播種

早在二〇〇七年，輔仁大學便設立台灣第一個社會企業研究中心，從事以社企相關的研究與

學術發表，並在三年後成立台灣社會企業創新創業學會，辦理社企國際論壇、工作坊與組織參訪等活動。除了輔大是以校際規模來推廣社會企業外，早期許多教授亦透過開設課程提倡社會企業的概念，如台灣大學國際企業學系李吉仁教授、社會學系陳東升教授等。

除了大專院校的參與，中央政府也投入資源推廣跨校的社會創新與創業精神，如二〇一二年科技部推動「人文創新與社會實踐計畫」，並設立官網「新作坊」，為社會創新關注者提供研究資源及發表平台等工具。同年，教育部也推出「智慧生活人才培育特色大學計畫」成立「社會創新人才培育網」（ＥＮＳＩＴ）。

隨著社企的觀念愈來愈普及，有更多的大學投入資源建立社企與社會創新相關的研究與學術中心，且各有擅場。例如中山大學的社會企業發展研究中心，主要協助非營利組織及企業轉型為社會企業；中央大學尤努斯社會企業中心以輔導青年創業，以及有興趣攻讀社會企業的實務工作者為主；現則有輔仁大學、逢甲大學、法鼓文理學院等社企學程與學位可供選擇。

創新種子在校園滋長，由下而上的學生社團力量

除了教授、校際單位與跨校計畫的推廣，二〇一一年一群台大學生亦成立台灣第一個推廣、研究、實踐社會創新的學生社團「台大社會創新社」（NTU Net Impact）。除了舉辦相關活動在校園傳播社會創新、社會企業的理念，也強調讓社員自行發起、操作專案去改善各種社會議題。

五年間，社會創新的種子在更多大學校園滋長，如交大的「社會企業創思社」、輔大的「瘋

社企流為華文界首個以社會企業為主題的網路社群媒體。

亞太B型企業協會舉辦研討會。

社企」等社團陸續成立；如今社企理念更近一步往下扎根，影響高中青年學子，如北一女、彰化女中曾與社會企業「生態綠」合作，在校園裡透過擺攤或試飲等方式推廣公平貿易的理念。

從小眾到主流、從綜合性到分議題的媒體平台

二〇一二年，有鑑於社會企業領域的資訊與資源不對稱，「社企流」便期望打造華文界第一個以社會創新與社會企業為主題的網路社群媒體，不僅將全球各地社會企業資訊帶給華文讀者，更提供管道為台灣社企報導理念、招募人才、宣傳產品與服務。

近年來更有垂直媒體投入不同社會創新議題或產業的報導，例如「上下游News&Market」關心農業及友善土地議題，「眼底城事」則以城市空間與都市規劃為範疇。

除此之外，主流媒體也益發關注社企，並透過自身影響力推廣。自二〇一一年便成立的聯合報系「願景工程」，不僅推出多個社企系列專題，更進一步舉辦公民沙龍，讓讀者有機會接觸社企領域的實踐者。《天下雜誌》、《商業周刊》、《哈佛商業評論》等媒體也陸續推出以社企為主題的報導。

點、線、面不斷延伸，社企推廣的開放未來

綜觀概念推廣類型組織的發展與趨勢，可看見學術單位從個別教授開課的「點」，逐漸演變

為研究中心及學程的「線」，再到中央政府投入資源、發展為跨校合作的「面」；學生也開始主動發起社企相關社團，且推廣的年齡愈趨年輕化。

未來應可期待，有更多學校會將社會企業設為跨學院、跨校別的整合學科，且除了教授基礎理論，也將更重視培養學生的實作能力；校園之外，社會企業概念的提倡亦不再僅限於新媒體，透過像社企流這樣的利基媒體先行報導社會企業的趨勢與案例後，將能誘發這類主題在主流媒體的曝光度，讓更多人認識社企理念。

7-3 社群建立——眾志成城，創業者的人脈補給站

在台灣，有志改革社會現況的社會創業者，要到哪裡尋找創業的人脈資源？五年前，這樣的協力組織並不多見，如今隨著社群建立組織的發展，創業者也有更多機會彼此交流、合作。

出外靠朋友，匯聚同儕力量的產業交流組織

以促進社會企業間交流為使命的組織，可從二〇〇六年成立的「社會事業發展協會」談起，

台北社企大樓提供身障者更友善的工作環境。

實體工作空間有助於社會企業間彼此交流。

其以非營利組織為主要的服務對象，透過培訓計畫和交流活動，使非營利組織能在理想和現實中取得平衡。接著有「台灣公益CEO協會」與「台灣社會企業發展聯盟」成立，前者在早期以發展創業家培訓的課程為特色，近幾年開始投入社區培力；後者則是方成立兩年，以促進產業交流為目標。

見面三分情，共享資源的實體工作空間

除了產業交流組織所發起的交流活動外，近幾年政府和民間不約而同地推出讓社企相關組織進駐或使用的共同工作空間，既降低社會企業租借辦公室的成本，亦透過實體社群匯聚資源、創造交流機會。

前身為行政院長官邸、二〇一五年起由經濟部所代管的「社企聚落」，每半年會遴選合適的社企進駐，亦歡迎各方來此舉辦社企主題活動，讓大眾能第一線參與。「台北社企大樓」則是同年由台北市政府勞動局興建，期望以社會企業的創新思維提升身心障礙者就業服務，大樓內的設備皆採無障礙設施，提供身障者更友善的工作環境。近幾年，台灣其他城市也開始注重社企發展，投入資源打造共同空間，例如台中市政府便預計在二〇二二年正式營運「非營利組織與志工發展中心」。

真金不怕火煉，強調自我規範的認證與登錄機制

隨著社會企業蓬勃發展，投資人、消費者等擔心遇到社會企業「魚目混珠」的期望、以及社會企業實務工作者期待能「驗明正身」的自我要求下，台灣亦開始出現第三方機制，針對社會企業的業務、營運等面向做檢視。

領導這一波運動的除了有國際非營利組織「B型實驗室」（B Lab），提倡企業可透過其認證機制，自評成為兼顧獲利、社會與環境責任的「B型企業」（B Corp）外，在地也有由經濟部委託「台灣公益團體自律聯盟」推動的「社企登錄機制」，鼓勵設立為公司的社會企業繳交財報、章程等營運資料，再由自律聯盟評估組織是否符合社會企業的標準。

從交流到認證，從認證到立法

整體而言，各類以社會企業交流、認證、登錄為目標的支持組織，為台灣社會企業勾勒出多元的社群。早年多為民間自主發起的組織，但在二〇一四年底行政院推動「社會企業行動方案」後，政府資源也在促進社企社群的建立上多所挹注。然而無論是登錄或認證機制，皆是由民間發起，不具法律效力，因此這五年來政府與民間針對「是否需要立法、修法以促進社企發展，為社企產業劃出明確界線」，亦有些討論與行動，詳情請參見第八堂課。

7-4 財務支持——有錢出錢，創業者背後的金庫

有志於改變社會的社企創業者，光有理想和熱情仍不夠，還需要足夠的金援支持。五年前，社企要取得資金並不容易，只有少數相關的政府資源和社會投資機構。經過幾年的演變，不僅舊有機制更加完善，也出現更多元的新興募資管道。

給魚吃不如給釣竿，從補助到投資的政府資源

早期政府協助社企的方式以提供補助為主，然而因為補助有其時間限制，再加上經費使用缺乏彈性，近幾年政府改推行基金機制，希望以投資取代短期補助，幫助社企茁壯、自力更生。

二〇一五年，國發會在國發基金下訂定「協助社會發展投資作業要點」，匡列十億元協助社會企業從事公益，並在今年三月中旬決議投資「活水貳社企創投基金公司」三千萬元。另一個基金則是由行政院促成、民間籌設的「社會福祉及社會企業公益信託循環基金」，去年首次投資「社會網絡」（NPO Channel）及「壹菜園」（厚生市集）兩家社企。

除了投資機制，政府亦透過不同部會的政策，從行政面協助社會企業取得資金。二〇一三年，櫃買中心在主管機關金管會的支持下，參考群眾募資精神而設立「創櫃板」，擴大推薦社會企業

管道，鼓勵大眾參與社會企業籌資。中小企業信保基金也增設社企信用保證專案，提高社會企業向民間金融機構融資的成功率。

以時間換取空間，提供耐心資本的社會投資

這幾年運用資本以擴大社會、環境影響力的天使投資者益發增加，此投資行為被稱為社會投資。除了個別的天使投資者，社會企業創投機構也陸續成立，以傳統風險創投概念為基礎，建立創新股權、債權、獎金等機制，為社企提供基金。

舉例而言，成立於二〇一〇年的「慕哲社會企業」，不僅開咖啡店提供青年對公共事務思辨、討論的場域，更發展社企創投，培養、支持青年創業，同時也與台大社會學系陳東升教授的「社會經濟組織的創新與設計」課程合作，提供課堂學生十萬元的「試作基金」，目前已支持四家社會企業。

而由四十三位來自台灣及矽谷不同領域與專業的社會中堅所創立的「活水社企投資開發公司」，則關注弱勢就業、教育學習、醫療長照、環境保護、食農生活及社區發展等六大議題，目前已支持「2021 社會企業」與「以立國際服務」等社企。

台灣也逐漸出現關注特定議題的社企創投，例如，以女性為創投對象的「非常木蘭」，一方面提供創業諮詢服務，另一方面採訪台灣各地女性的奮鬥故事發布於網站，以鼓勵創新女力的崛起。

集眾力挺公益，為社會創新挹注第一桶金的群眾募資

這幾年許多社會創新專案與社會企業皆選擇以群眾募資取得發展的第一桶金，主因是與政府、企業、基金會等大宗資金相比，群眾募資管道讓支持社企的行為更加「零售化」，一般大眾可以自由選擇要支持哪些專案、多少金額；透過群眾募資，社會企業也能直接與潛在消費者或贊助者溝通，進而快速地測試產品或服務，更可進一步帶動社會大眾對募資議題的關注。

台灣的群眾募資從二〇一一年開始發展，短短幾年間，已有「WeReport」、「嘖嘖」、「flyingV」等十三家定位各異的群眾募資平台出現，以網路使用習慣人數而言，平均每五十人就有一人曾贊助過群募專案，且二〇一五年募資成功專案中更以「社會與公益」類型為最大宗。

除了綜合性的群眾募資平台外，近幾年甚至出現專門以非營利組織、社企為主的募資平台，如：「紅龜」、「度度客」，讓具有社會關懷的計畫能有更適切的募資管道，進而成功獲得支持與贊助。

更「客製化」的社企融資管道，全民都可以是社企的資金天使

綜觀財務支持類型組織的發展與趨勢，可看見政府資源從早期提供補助，逐漸轉為投資機制；民間除了天使投資者，亦有更多社企創投機構加入；群眾募資則是近幾年發展快速的新興募資管道，愈趨多元化與在地化。

未來可預見，社會企業的融資管道將會更具階段性、多元性、分眾性，讓想要「有錢出錢」的個人或組織都有合適的參與方式：一般民眾可透過創櫃板或群眾募資平台，小額支持剛起步的社會企業；天使投資人除了自行找尋標的，也可參與社企創投機構成為合夥人；而政府、企業等法人組織，則將透過補（贊）助、投資等方式，為社會企業邁向規模化提供財務支持。

7-5 能力建置——有力出力，創業者的能力大補帖

社企創業者在創業的各階段，除了欠缺財務資源外，亦可能遭遇營運、行銷、團隊經營等挑戰，因此相對應的能力建置（Capacity Building）組織也因應而生，為創業者增進經營社企所需的能力與管道。

成功無法複製但可學習，陪伴社企成長的育成計畫

台灣早期並沒有社會企業專屬的育成計畫，比較相關的是公益組織的培育計畫，例如「中華民國社會事業發展協會」自二〇〇八年起，推行「公益組織財務管理能力扶植計畫」，藉由課程

社企流「iLab社會企業育成計畫」第二屆創業營。

AAMA台北搖籃計劃暨Meet創業小聚年會。

協助公益組織建立合適的財務管理運作制度。

直到二〇一二年，詹宏志、顏漏有兩位企業界前輩，與數位時代攜手發起「AAMA台北搖籃計劃」，將社會企業、數位科技、生活服務列為三大招募類別，每年招募公司成立至少兩年、已進入成長期的創業家，進行為期兩年的交流與輔導，為台灣社會企業育成服務亮起第一盞燈，至今已支持包括以立國際服務、多扶接送、iHealth、鄰鄉良食等超過十家社會企業。

受到上述計畫啟蒙、也有鑑於台灣當時並無專門針對初創社會企業所提供的資源，社企流於二〇一四年取得源自英國、全球最大的社會企業育成組織「UnLtd」授權，啟動「iLab社會企業育成計畫」，與星展銀行、保德信人壽、永齡教育慈善基金會、研華科技、新竹物流等企業聯手，提供種子獎金、培訓課程、諮詢輔導、資源媒合等育成服務，至二〇一七年累積約兩百五十名計畫申請者，並協助三十六位社企創業者驗證點子、修正產品或朝組織永續發展邁進。

除了由民間發起的育成計畫，行政院「社會企業行動方案」亦將育成服務列為目標之一，經濟部、勞動部、衛福部等中央部會與各地方政府均投入不少資源輔導社企。

用消費改善社會，具良知消費精神的銷售平台

隨著消費者對於友善環境與社會的消費意識日益增加，加上許多社會企業開發銷售渠道的能力較有限，二〇一一年前後，不約而同地誕生了兩家以販賣社企產品為主的電子商務平台：「上下游市集」與「17 support 社企一起幫」。前者販售小農提供的生鮮或加工產品，後者則致力於協

助社會企業降低行銷與販售的門檻。「勝利基金會」（前身為勝利身心障礙潛能發展中心）所營運的勝利廚房，除了提供身心障礙者參與餐飲服務與商品開發的管道，近日也推出購物網站，供消費者購買由身障者所製作的食品。

近幾年政府與大企業也注意到這股社企產品的趨勢，紛紛投入資金、建立合作關係。例如：去年「Yahoo奇摩超級商城」宣布發展農業電商，與新北市農會及小農組織「小農食代」合作，並在奇摩拍賣上協助小農行銷。擁有近三千家店鋪的全家便利商店，也發揮虛實整合之優勢，集結喜願共合國、光原社會企業、2021社會企業、綠藤生機、勝利廚房等六十項良善商品進行販售。

育成服務更聚焦單一社會議題，銷售管道有更多元選擇

經過五年發展，社會企業的育成服務已可涵蓋從點子草創、驗證市場、穩定營運、到追求永續發展等各階段，未來也可預見將出現更聚焦於單一社會議題的服務，如專門培育解決銀髮、食農或身障者議題的育成計畫，以垂直方式深度累積單一社會議題的社企所需知識、技能與人脈。此外，除了以社會企業為主題的利基型銷售平台，大規模、綜合型電子商務平台或實體通路也將釋出更多資源，讓社會企業的銷售管道有更多元選擇。

7-6 支援前線的組織，也需要「被支援」

要成就一個蝙蝠俠，背後的阿福絕對功不可沒；要成就一個產業，也並非只靠第一線的社會企業，後勤的支持組織更是不可或缺。然而人們關注的焦點與支持的對象，往往只限於前線的社會企業，而後勤組織由於隱身幕後，又有誰知道他們的美麗與哀愁？

台灣社企生態圈的發展，與前線社企的成長密切相關。這幾年隨著社企概念逐漸廣為人知、社企家數不斷增長、政府開始參與生態圈建置等，整體生態圈也產生了不少變化。社企流彙整了五年來的觀察與同業經驗交流，一談社企生態圈發展的挑戰與隱憂。

獲利模式複雜，比誰氣長

與前線的社會企業不同，生態圈支持組織的客戶（服務對象）並非一般大眾，而是社企本身；而這些客戶（社企）要成長到能夠付費獲取服務的階段，又需要先借助支持組織的資源與協助。

因此在類似「雞生蛋，蛋生雞」的迴圈下，支持組織在營運上有個先天的限制：一定要比社會企業「活得長」——唯有耐心等待社會企業蓬勃發展、成長茁壯，生態圈的支持組織才能累積足夠的客群，與社企互助成長。

然而台灣目前社企家數並不多，且大多仍處於初創階段，使得支持組織往往在「本業」之外，還須想辦法發展各項業務——例如接案提供行銷設計服務、經營辦公空間分租、或舉辦付費活動等——以賺取經費補貼現金流。

為了建立更健全的社企產業，期許未來有更多具前瞻性的業界資源能看重支持組織的價值與專業，在社企生態圈投入相應的資源，使其得以專心服務社會企業。例如英國的「大社會資本」（Big Society Capital）與美國「洛克菲勒基金會」（Rockefeller Foundation）、「蓋茲基金會」（Gates Foundation），便提供社企支持組織在推展工作時所需的經費。

知識密集型產業，人才培養大不易

社企生態圈的四大角色（概念推廣、社群建立、財務支持、能力建置），都屬於知識密集型服務，高度仰賴其對人脈經營、產業洞察、與客戶關係的掌握。由於這些知識與經驗難以複製和傳承，社企支持組織常面臨人員流動後，新人力無法順利接軌的困境。受限於產業型態的特殊性，社企支持組織亟需已釐清人生方向、穩定性高的成熟人才投入，平時亦須隨時建立每項業務的標準作業程序，以利人力的接軌。

承載太多期望，難以專注

支持組織為了服務前線的社企，經常需要串連各方資源，例如政府、學界、企業、投資方等，因此利害關係者為數眾多。面對各方關係者不同的需求與期許，支持組織若沒有三頭六臂，就常陷入多方角力的為難。支持組織成立的初衷便是扮演好自己在生態圈中的角色，按照社企的需求提供相應的服務與資源，因此「專注」極為重要。面對各方需求，支持組織應妥善評估自身能力，適當推拒不適合自己的業務；各界也應轉而鼓勵更多人投入生態圈領域，填補需求的缺口，避免將過多期許投注在單一組織上。

支持組織數量漸增，但「質量」未必漸長

早期投入社企生態圈的支持組織，大多由民間自主成立，懷著支援前線社企的使命，獨自摸索經營之道。近年來隨著政府愈發注重社企發展，並投注大量資源、釋出各項標案，吸引愈來愈多群體投入社企生態圈的四大角色中。

然而數量增加帶來的不盡然是「質量」的增長。社企標案儼然形成了一種新商機，新一批逐政府資源而來的群體，不一定都抱持著支援社企的使命感；受限於政府標案對KPI的要求，許多支持組織在「質」與「量」的取捨中，往往優先追求量，使得前線社企不一定能獲得實質的幫助。投入社企生態圈領域需要的不只是資源，更需要使命感、耐心與專業。政府資源所帶來的數量增

長是一件美事，但也期許新投入的組織將對社企的實質幫助排在優先順位，使生態圈能達到「質」與「量」的同時增長。

回顧整個社企產業，若把社企比做樹木，那麼支持組織就如同陽光、水和土壤一般，與前線社企的發展密不可分。因此這個社會願意給予第一線社企多少關注與資源，就值得對支持組織投注同等程度的重視。

可惜的是，支持組織的社會影響力雖然深遠，但在大眾眼中較為「間接」，且不像前線社企一般具有強烈的故事性，因此很難吸引相應的資源。許多有資源的企業或基金會都傾向於直接和前線社企合作並主導一切，而非把錢投入支持組織「讓專業的來」。

其實，生態圈組織和前線社企一樣需要耐心資本。社企流期許未來握有資源的政府和民間企業，能更加信任支持組織的專業，提供類似英國「大社會資本」的穩定資源，成為支持組織的燃料，放手讓其主導與規劃服務專案，推動整體社企產業的蓬勃發展。

能力建置	
創業育成	・經濟部、勞動部等中央部會社企輔導 ・台北市、新北市等地方政府社企輔導 ・AAMA台北搖籃計劃 ・社企流iLab社會企業育成計畫
行銷通路	・社企一起幫 ・NPO Channel ・勝利廚房

社企流整理

台灣社會創新、社會企業生態圈

教育推廣

大專院校
- 教育部ENSIT社會創新人才培育網
- 輔仁大學、中山大學與中央大學等社會企業研究中心；台灣社會企業創新創業學會
- 輔仁大學、逢甲大學及法鼓文理學院等社企學程與學位
- 台灣大學、交通大學等社會企業主題社團

資訊媒體
- 聯合報系願景工程
- 社企流

教育競賽
- TiC100社會企業組
- 亞洲社企創新獎
- 星展社會企業挑戰賽

社群建立

產業交流
- 社會事業發展協會
- 台灣公益CEO協會
- 台灣社會公益行動協會
- 台灣社會企業發展聯盟
- 亞太B型企業協會

認證登錄
- 社會企業登錄機制
- B Corp認證

共同空間
- 社企聚落
- 台北社企大樓
- Impact Hub Taipei

財務資金

創業投資
- 活水社企投資開發
- 社會企業循環基金
- 慕哲社會企業
- 守護天使
- 非常木蘭

群眾募資
- 政府—創櫃板
- 民間—flyingV、嘖嘖、紅龜、度度客等平台

金融機構
- 星展銀行社企優惠帳戶
- 星展銀行社企發展基金

第 8 堂課

政府來相挺

8-1 先行政：讓社會企業百花齊放

任何新興產業都需要政策的支持，而兼具商業價值與公益使命的社會企業亦然。台灣社企近年來累積許多在地經濟與社會創新的能量，這波浪潮也喚起了公部門的重視，並推出相應政策支持。第八堂課將鑑往知來，檢視社企在政策發展的路上完成了什麼？未來應如何發展？對於爭議不休的社企立法問題，又將何去何從？最後，透過政府與民間兩種視角相互檢視、學習，勾勒台灣社企政策發展的完整樣貌。

二〇一四年，行政院宣布該年為台灣「社企元年」，繼而推出台灣首度以扶植社會企業為主的重大政策。這項為期三年、預算高達一．六億台幣的「社會企業行動方案」（簡稱社企行動方案），邀集了內政部、財政部、教育部、經濟部、交通部、衛生福利部、勞動部等部會共同推動，並藉由「調法規」、「建平臺」、「籌資金」、「倡育成」四大策略，希望為台灣打造有利社企創新、創業、成長與發展的生態環境。

當時行政院因考量台灣社企正值萌芽期，為了讓民間創意能自由發揮，決定以「先行政，後立法」作為整體施政方針，先不預設過多法令限制，而是以促進社企生態圈發展為目標。本節將從「社企行動方案」切入，檢視政府在行政面對社會企業的支持與成果，而下節將探討行政過後，台灣社企立法的新篇章。

社企行動方案，帶領社企政策邁入新紀元

回顧社企行動方案的推出，在台灣社會企業發展史上具有幾項重大的意義：

一、把餅做大，擴大社會企業影響力

作為台灣扶植社會企業的重大政策，社企行動方案並不針對「社會企業」的定義給予過多限制，而是盡可能讓民間自由發展，保留社會企業的多元型態。主責社企相關業務的前社會福利政務委員馮燕在回顧整體方案時表示，當初訂下「先行政，後立法」的施政方針，以及不特別限定只有公司型、非營利組織型或其他特定類型才是社會企業，便是為了先把餅做大，在正式立法前為社會企業爭取多元發展的時間與空間；選擇以經濟部作為主導機關，則是想讓社會企業成為「產業」，提升能見度與發展可能性。

二、跨部會合作，各司其職創造綜效

社企行動方案最特別之處，在於其整合多個部會共同協力。馮燕表示，「行政部門應該是一個Team（團隊），一個Baseball Team（棒球隊），要一棒接一棒，棒棒不落空。」她促進各部門各司其職、共同推廣社會企業，例如勞動部透過「多元就業開發方案」及「培力就業計畫」，

促進在地經濟發展與就業機會；經濟部則透過補助校園設立育成中心，培育大專青年投入社企；衛福部協助財團法人投資社企公司；金管會則設立「創櫃板」平台，輔導社企登錄。

三、建立「社會企業共同聚落」，打造社會創新的發展基地

社企行動方案的另一項創舉，則是前行政院長毛治國考量社會企業和創業服務需要專屬的指標性場域，於是將位於金華街、近十年無人使用的前行政院長官邸空間釋出活化，重新打造為社會企業共同聚落與青創基地，作為台灣社會創新的發展據點基地。從二〇一五年建立至今，金華官邸成為一個具備創業育成、投資媒合、教育推廣與產業媒合等功能的空間，並整合共同工作空間及活動展演空間，培育社會企業創業團隊健康發展。

未來展望：促進橫向溝通、營造良好法規環境

由於社企行動方案為期僅三年（二〇一四至二〇一六年），在「調法規」、「建平臺」、「籌資金」、「倡育成」等四大策略難以做得完善，仍有許多需要改善與更深入發展的空間；政策面向廣泛、參與部門繁雜，也造成了資源與能量分散、與民間重複投入且欠缺整合的狀況；以活動和座談會場次、參與人數等數據作為ＫＰＩ，也被認為有目標錯置、指標不具代表意義等問題。但整體而言，社企行動方案對發展社會企業進程仍有其代表性的意義，也是開啟後續相關政策的重要里程碑。

在過去三年的行政基礎下，接下督導社會企業業務的政務委員唐鳳，認為政府接下來可促進橫向溝通，系統性地開放政府相關協作會議，讓不同部會、政務委員、青年諮詢委員與民間代表都能參與，補正以往「各做各的」心態。例如她主持的多場社企會議，每場都會做逐字稿並發布到網路上供與會人員和民眾檢視，不僅讓會議結論有資料可循，也讓各方意見能夠湧入。

對於未來社企政策的展望，「活水社企投資開發」共同創辦人陳一強表示，政府最重要的角色就是把法規與環境設定好，其他的民間其實都可以做，不需由政府來主導。目前台灣社會企業在法規上仍面臨公司法難以完全適用，以及社會企業概念混淆、民眾無法分辨等問題，政府若欲建立良好的社企生態系統，法規制定其實是相當關鍵的一環，有待政府彙整各方意見，為台灣社企打造良好的法規環境。

8-2 後立法：百花齊放之後，是否需立法規範？

前一節提到政府以「先行政，後立法」作為整體施政方針，從二〇一四年起推出為期三年的「社會企業行動方案」，致力於打造完善的社企生態圈，提供社會企業行政面的協助。此節將探討三年過去，邁入「後立法」階段之後，台灣社企法規面的新篇章。

「社會企業」在台灣已逐漸成為受到公眾肯定的經營模式，根據經濟部商業司統計，至二〇一六年十月止，我國登記名稱包含「社會企業」的公司，扣除已解散家數共一百一十八家。若將統計範圍擴大至社企資訊相關業者如公司登記、社企登錄機制（由經濟部中小企業處委託台灣公益團體自律聯盟執行）、社企聚落（由經濟部中小企業處委託生態綠股份有限公司執行至二〇一七年中，後改委託台北科技大學）、政府資源輔導、社企流 iLab 社會企業育成計畫及媒體報導等資訊，初步統計高達四百五十家。

社會企業在台灣迅速發展、百花齊放確是好事，但同時也衍生出一些問題待解。首先，這類兼具社會使命與市場價值的企業，在台灣並不是一種法定的組織型態，一般具營利行為的社會企業，只要註冊為「公司」，就必須受《公司法》規範。然而在現行《公司法》第一條「本法所稱公司，謂以營利為目的，依照本法組織、登記、成立之社團法人」以及第二十三條「公司負責人應忠實執行業務並盡善良管理人之注意義務，如有違反致公司受有損害者，負損害賠償責任」之下，卻可能讓社會企業難以延續創業的初衷。其次，目前台灣大眾對於社會企業之概念，認識尚未深刻且片面，而面對市面上眾多自稱為社會企業的組織，消費者與投資人難以分辨何者才是真正回饋社會、值得信賴的好公司。此外，「社會企業」一詞氾濫，也恐造成市場出現掛羊頭賣狗肉的公司，導致社會企業受到汙名化，反而壓制了有心從事社企的業者。

關於社企立法，民間、行政與立法團隊之看法

針對上述現行法規之侷限，以及是否應立法對社會企業「正名」，產官學研各界這幾年提出

眾多討論與修法建議。二〇一六年五月蔡英文總統上任後，由於啟動《公司法》修法作業，重新開啟一波對於社企立法的討論潮，鑑於修法仍在動態進行中，以下僅整理截稿前之最新發展。

面對《公司法》大修，民間主責社會企業的修法委員於彙整各方意見後，提出兩大修正方向：

一、放寬公司法既有規定

傳統上，公司被認為是一種僅追求營利目的的商業組織型態，然而現今社會大眾對於公司的期待，已不僅止於追逐獲利，而綜觀現今全球公司法的規範趨勢，公司存在的價值也不侷限於追求股東利益最大化。因此，修法團隊建議鬆綁公司法既有規定，提議於《公司法》第一條增訂第二項「公司得追求營利以外之目的」，並於第二十三條增訂「公司負責人執行業務得適當兼顧其他利害關係人利益」之條款。

二、新增「共益公司專節」

為鼓勵具有社會使命之公司能在台灣成長茁壯，以帶動更多的企業致力於社會影響力，並使社會知曉如何正確辨識忠於社會使命之公司，修法團隊建議新增「共益公司專節」[1]，於公司法

1 修法團隊表示，縱使未來新增「共益公司專節」，也僅是提供一種組織型態與特別的治理規範，並不涉及其是否因此而必須受特定目的事業主管機關的監管、得否因此享受租稅優惠、政府是否應對其優先採購、是否得受政府補助或獎勵等事項。

上增設「共益公司」類型，提供創業者更多元的選擇。修法團隊表示，共益公司得同時追求營利與社會目的，並具有一定之社會使命鎖定機制，以「明確清楚的社會目的」、「依法有據的經營者責信」、「大小分流的影響力揭露」以及「著重自律的低密度管理」為四大主軸。

值得注意的是，使用「共益公司」而非「社會企業」一詞放入公司法修正版本，乃是因為社會企業包含公司、基金會、協會、合作社等多元型態，並非單指註冊為公司的社企，透過新增「共益公司」這項類型，並增設專節明確規範其定義與內容，較能避免國內對於「社會企業」一詞使用上的混淆，提供社會企業或相關組織選用上的彈性。

面對民間眾多修法建議，行政院已於二〇一七年四月三十日通過經濟部擬具的「公司法部分條文修正草案」，其中關於社會企業層面，目前釋出的草案中僅調整了《公司法》第一條，於原有條文之外增訂第二項「在公司經營業務，應遵守法令及倫理規範，得採行增進公共利益之行為，以善盡其社會責任。」對此修法團隊則補充，此次修改依然沒有改變「公司，謂以營利為目的」這條限制，且「企業社會責任」與「社會企業」應屬不同的範疇。對於民間提出的第二十三條以及新增共益公司專節等修正建議，此次修正草案則未有定論。而主責社會企業相關業務的政務委員唐鳳，目前持續透過vTaiwan平台與各方對話、蒐集該用何種法規表述共益公司的建議，除了透過公司法制定相關條文去落實的選項外，於具輔導性質的「中小企業發展條例」中新增相關條文，也是另種可能，有待行政院再做更多研議。

除了民間關於公司法修法的討論與建議，以余宛如為首的幾位立法委員，也於二〇一七年五月提出「社會企業發展條例」[2]，以建立完善的社會企業發展生態系為宗旨，針對台灣社企目前面臨的幾大挑戰（金融服務匱乏、市場支持度不足、人才教育的需求等）提出改善方法，主張應賦予社會企業明確的資格認定，設置社會企業發展基金以支援社企發展計畫所需之經費，健全社企投資、融資與信用保證機制，以及對社會企業提供各式輔導服務等。

傾聽民意、找尋共識，政府責無旁貸

關於社會企業立法，這一兩年不僅討論熱烈，發展方向亦變幻莫測、難以預料，討論方向從既有法規的修改，延伸至是否應新增專節規範，至截稿前立法院又提出新的「社會企業發展條例」，未來民間、政府與立法院能否在此議題上達成共識，有待政府持續扮演橋梁的角色，並確實傾聽民意，協助各界找到「最大公約數」，讓社企的法治更臻完善。

2「社會企業發展條例」以建立完善的社會企業發展生態系為宗旨，由余宛如、尤美女、陳曼麗、吳思瑤、高志鵬、林岱樺等三十一人所提出，於二〇一七年五月十九日已通過一讀。

8-3 政府部門看社企：由下而上，開展出社會創新典範

台灣社會企業在民間蓬勃發展，以社會創新結合商業模式解決社會問題。政府如何看待社會企業這股力量？

「我相信社會企業也許不是賺大錢的事，但絕對是事業，而且是可以解決社會問題的事業，包括就業問題、當地產業發展問題，也包括社區組織和社區發展、公平貿易等問題。」過去曾參與八八風災重建、前社會福利政委馮燕的這一段話，描繪了近年台灣民間社企發展呈現在政府眼中的樣貌。

我國早期雖曾推出「社區總體營造」政策，但在政府眼中，真正落實和發揚光大的力量其實來自民間。從九二一大地震的災後重建開始，民間便不斷凝聚力量、提出各種創新解方回應社會問題，徹底發揚了社區營造的精神。而政府也在這些成果中獲得鼓舞，更積極地推動各項鼓勵社區發展與社會創新的政策，近年推出的「社會企業行動方案」，其實也與這股由下而上的力量密切相關。

對政府而言，近年民間社會企業的貢獻主要可分為以下三類：

一、在廢墟中凝聚力量，重建在地產業

無論是一九九九年的九二一大地震，還是十年後（二〇〇九年）的莫拉克風災，均重創台灣社會，為許多人帶來不可磨滅的傷痛。當時許多投入災後重建的團體，面對頓失所依的災民與百廢待舉的社區，無不竭力思考應如何在基礎建設之外，為當地帶來新出路，「2021社會企業」便是從廢墟中重新起步，重建在地產業的最佳案例。

二〇〇九年莫拉克風災重創高雄甲仙小林村，當時創辦人蔡松諭因回鄉協助重建，才發現「房子蓋好了，但經濟來源呢？」於是，他從小林村特產的青梅著手，透過合理價格收購青梅來保障梅農收入，並藉由引入創新的青梅加工產製流程、開發各種青梅產品、建造兼具觀光價值的合作農場等方式，建立在地共有的社區產業鏈。

蔡松諭與在地居民從災變初期草創的自救會、人民團體形式的小林村重建發展協會，到二〇一三年正式成立「2021社會企業」，一步步將在地特色融入社會創新與商業模式，不僅為居民帶來穩定收入，更進一步描繪從山上到山下、跨越四鄉鎮的「老梅經濟圈」藍圖。

二、結合社區營造精神，為偏鄉創造在地經濟典範

社會企業的另一大貢獻，是能深入各個角落，為偏鄉活絡社區經濟，促進長遠建設與發展。例如位於台南的土溝里，長期面臨農民經濟條件不佳、青年勞動人口外移、因傳統農業而造成環境汙染等問題，直到二〇〇七年，擁有空間規劃專業的「優雅農夫藝術工廠」以社企精神進駐，協助土溝里建置農產銷售平台，甚至將農村再造為「無牆美術館」，長年售票展出，並策劃各種

柯文哲參觀土溝里。

農村文化活動，藉由創造土溝里的觀光價值來活絡在地經濟，同時也透過自然農法的相關培力工作坊，改善受汙染的農村環境。

另一個代表案例則是「小鎮文創」。南投竹山鎮原是個產業逐漸凋零及人口外移的小鎮，但小鎮文創六年前以「復興竹山的文化與經濟發展」為目標、「市場化的城鎮再造」為方法，將鎮上老屋和建築翻修成特色店家，並提供外部遊客住宿、餐飲及旅遊等服務。同時，小鎮文創每年也會舉辦打工換宿，號召大學生前來參與社區建設、挖掘社區問題，不僅為有志返鄉回饋的青年打下微型創業的市場基礎，也活絡了當地經濟，吸引更多年輕人回流、解決在地問題。

三、為各族群創造就業機會，透過「賦權」讓其自力更生

由於社會企業結合商業模式、自給自足的特性，若結合「賦權」（Empowerment）精神投入弱勢培力，便有機會為各族群創造穩定的就業機會，助其自力更生。例如「勝利基金會」便提供了各種身心障礙類型的就業服務與職業訓練，以專業培訓為導向，協助身障者產出高品質的服務與產品。從二〇〇〇年立案以來，已發展出十多個事業體，提供兩百多位不同身心障礙類別的人士就業機會，在不靠任何募款與補助的情況下，二〇一六年的總營收甚至高達五億元。

政府對民間社企的期許：質與量並重，發揮更大影響力

綜上所述，社會企業長年深耕在地，為政府在基層扮演著聆聽在地需求的角色，並依此設計出因地制宜的解決模式，重建在地產業、活絡社區發展，並促進弱勢就業與培力；這些營運成果也是鼓舞政府持續推動相應政策，以回應各種社會問題的重要力量。而公部門對民間社企的期許，一方面是提升財務自主力，讓組織能不靠補助、穩定朝永續運作發展，另一方面，也期許民間能持續開展出多元社會創新模式，結合「質」與「量」凝聚更大的社會影響力。

近年社企聘僱員工情形

	103年	104年	105年(預期)
員工人數	2,222	3,055	3,825
弱勢就業占比	12.5%	18.0%	20.7%
地方就業占比	19.4%	28.0%	32.4%

經濟部於二〇一六年展開社企型公司調查，共統計九十二家社企資料，此表顯示近年來社企為地方與弱勢提供的就業機會正逐年上升。

8-4 民間社企看政府：擺脫KPI思維，做好「只有政府能做的事」

回顧過往政策的施行，有時礙於行政與作業程序的僵化，反而造成民間的不便，可惜了立意良善的政策推動。掌握龐大資源的公部門，未來應如何讓政策「利大於弊」？本節回歸民間社企的視角，檢討政府支持社企的施政方針，並提出對未來政策發展的建言與期望。

隨著政府將二〇一四年訂為「台灣社企元年」，三年來投入許多資源、大力支持社會企業發展，社企流一路見證了社企產業在台灣的起飛階段，也反思相關政策對民間社企帶來的助益與衝擊。整體而言，期許未來政府在思維上，能鑑古知今、不被ＫＰＩ綁架；在行動上，則與私部門各有擅場、分頭進擊。

從過去的基礎吸取經驗，避免推翻重來

過去由前政務委員馮燕所帶領、橫跨各部會的「社會企業行動方案」及其他相關政策，在扶植社企生態的發展上累積了一定成果，而後續政策的推動，也應避免從零開始，而是站在過去基礎上持續積累，如此的政策規劃會更加完善。

拋開以ＫＰＩ為導向的思維，為政策做長期的效益分析

過往礙於政府採購及預算制度僵化，必須在短時間內看到成效，導致各部會傾向將施政成果與容易量化的數字連結，導致原本立意良善的社會企業發展政策，在經過標案等層層委外後，在執行上反而產生一味追逐ＫＰＩ而目標錯置的現象。建議公部門應從中、長程角度出發，不只追蹤活動場次與參與人數等表面成效，而是更深入觀察並分析政策執行的長遠效益。

與民間組織妥善分工，不重複投入資源

近年政府透過政策扶植社企的用心，各界有目共睹，但不可諱言，有些政策其實與民間已在做的事情重複，反而造成資源浪費。因此，建議政府先盤點民間投入服務與支持社會企業的各種中介組織，例如教育推廣（如社企流與輔仁大學社會企業研究中心）、社群交流（如亞太B型企業協會）、資金挹注（如活水社企投資開發）、能力建置（如社企流iLab育成計畫）等，民間組織已經在做的事，政府就無須重複。對此，活水社企投資開發共同創辦人陳一強也補充，與其由政府主導提案，再委外給民間單位執行，不如換個方式，由民間主動提案，政府則進行「對投」（Match），從「補助」轉為「創投」的角色，支持真正有想法與熱忱的民間提案。

運用創新思維，專心做好「只有政府能做的事」

「只有政府能做的事」，其實就是為社會企業營造完善的法規環境，並以創新思維釋出與活化閒置資產，用以支持社企發展。

以社企領域發展較為成熟的英國為例，其於二〇〇八年通過《靜止帳戶資金投入社會建設法》（*The Dormant Bank and Building Society Accounts Act*），將國內銀行存款戶中，屬於靜止帳戶的閒置資金集結為「大社會資本」（Big Society Capital），提供社會企業投資、貸款等財務支持；英國也於二〇一二年通過《社會價值法》（*Social Value Act*），規定政府機構在選擇

採購對象時，須將採購對象所創造的社會、環境價值列入考量，以「公共服務優先採購」支持社會企業發展。

此外，英國、美國政府也採用類似社會效益債券（Social Impact Bond）的概念，由政府與民間金融機構合作，以改善某個社會問題作為標的來發行債券，向個人或組織進行募資，並成立相關機構改善該社會問題。經過一段履約時間後，若該社會問題的改善程度已達原先目標，則由政府支付經費給發行債券的金融機構，金融機構再給付本金與利息給出資者。

不論政府或民間，「建立互信」才能永續

第八堂課透過回顧台灣社企在行政面、立法面的進展，並以政府與民間兩種視角互相檢視、彼此檢討，並非為了突顯對立，而是希望促進相互理解。台灣社企要走的路還長，政府支持社企的路亦然，兩者如何攜手往前，將成為讓社企生態永續的關鍵。數位政委唐鳳指出，「我們最缺的資源就是『相互信任』。」如果沒有互信，或沒有讓民間覺得有實際參與政策制定的可能，即使政府推出再多方案、再多補助，看在人民眼裡終究也只是形式。未來政府與民間社企能否「白頭偕老」，則有待分工與互信兩大地基的建立。

第 9 堂課

人生轉運站

9-1 想加入社會企業，你需要這十種特質與能力

正所謂「知己知彼，百戰百勝」，進到社會企業工作之前，先理解社企需要的人才特質和能力，讓你在面試與工作時無往不利！

根據中央大學管理學院「二〇一五年台灣社會企業調查報告」顯示，與二〇一三年相比，幾乎一半的社會企業之員工數量（包含全職與兼職）都有增加的趨勢。另一份台灣經濟研究院的調查也指出，二〇一五年社企型公司的營收已超過十四億元，就業人數達三千人。

由此可見，社企型公司在台灣的發展愈來愈蓬勃，也吸引不少有理想和熱情的人才投入，但對這些企業的創辦人而言，何種類型的人才會是他們所需要的呢？

社企流拜訪四家具社會使命的企業和組織——「多扶事業」、「以立國際服務」、「綠藤生機」及「One-Forty」（One-Forty目前為新創非營利組織），將這些創辦人過去經營團隊的體驗與觀察，彙整為幾項社企工作者必備的能力和特質。

能力

一、細心

首先，最多創業家提到的能力就是「細心」。由於社企工作者最主要的業務就是為受益者提供問題的解方，而這個過程必須經過縝密的考量。以為行動不便者提供無障礙服務的多扶事業為例，其創辦人許佐夫認為，「這是一個關於安全的服務，一有錯誤，造成的影響很大，所以很需要細心的人才。」以立國際服務創辦人陳聖凱也表示，團隊在執行國際服務的過程中，需要考量的眉角與面向非常多，因此十分看重細心與精準型的人才。

二、執行力

社企工作者不只要有理想，更要有實踐的能力。綠藤生機的創辦人鄭涵睿認為，組織中需要的不是只會思考的員工，而是既會思考、又願意「把手弄髒」的人才。「我們相信手腦並重，因此無論招募任何職位的員工，都很重視過往的實務經驗。」

三、傾聽力

在實踐社會使命的過程中，無論是欲貼近受益者的需求，或是與外部夥伴協作，都高度仰賴傾聽的能力。One-Forty的共同創辦人陳凱翔認為，具有傾聽力的人才比較能同理受益者，真正理解他們的需求和問題。鄭涵睿也表示，從過去團隊經營的經驗中發現，能夠「聆聽他人想法的人」，與團隊的互動和合作通常較為良好。

四、學習力

在新創社企裡，很多業務都要從無到有打造出來，因此員工自我學習的能力很重要。鄭涵睿以綠藤生機的核心價值之一說明：「我們相信『沒有最好，只有更好』以及『不一樣的思考才能帶來改變』。」為此，社企工作者必須持續學習，才能跟上團隊前進的腳步。

特質

一、善良

在具有社會使命的組織中工作，首要的人格特質就是要有關心自己以外人事物的習慣。許佐夫認為，善良並非一種虛幻的概念，因為它會落實在工作的每個層面。從他過往的工作經驗中觀察到，具有善良特質的人，比較不會在工作上投機取巧。陳聖凱也表示，來到以立國際服務的團隊夥伴，多半具有為人服務和利他的精神，這是進到社企工作很重要的特質。

二、謙虛

社會企業所貫徹的理想與使命，經常會吸引媒體曝光與大眾認同，然而創業者和員工無論受到怎樣的肯定，都不應輕易自滿，而是要持續進步，向頂尖的模範看齊。

三、以人為本

許多非營利組織和社企的初衷都是為了解決社會問題，然而在執行過程中，團隊與受益者的互動必須具備以人為本的心態，才能與受益者經營良好且長久的關係。One-Forty的共同創辦人吳致寧認為，非營利組織與員工、受益者的關係，不能用「上對下」或「我是來幫助你們」的心態，雙方應該是平等和互相學習的關係。

四、相信改變

新創社企在做的事情通常比較創新、不守舊，因此需要具備相同信念，且相信改變能夠成真的員工加入。鄭涵睿認為，一個想加入社會企業的人，應具備「相信自己能帶來正向改變」的信念，如此才能與團隊一起實踐社會使命。

五、團隊合作

幾位社企創辦人不約而同地認為，社會企業的組織文化並不崇尚英雄主義，而是鼓勵「團隊大於個人」的精神。例如，鄭涵睿便表示綠藤現在的成就並不是來自個人，而是源自整個團隊的努力。One-Forty則是把「讓夥伴發光」列為組織的核心價值之一，鼓勵團隊成員挖掘彼此獨一無二的價值，並創造舞台讓夥伴能自在地展現自我。

多扶事業為身障者與銀髮族提供旅遊和接送服務。

以立國際服務在海內外皆有志工團。

綠藤生機與社企流的聯合實習生培訓課程。

One-Forty於台北車站舉辦「東南亞星期天」活動。

六、不怕失敗

相較於一般企業，新創社企選擇的道路往往更容易遭遇挑戰和失敗，因此工作者必須要有打不倒的不倒翁精神，才能繼續堅持下去。吳致寧認為，願意嘗試新挑戰，並能正向看待失敗經驗的特質非常重要，因為唯有面對失敗才能跨出舒適圈，從中學習寶貴經驗。

尋找社企人才的關鍵點——符合組織的階段性需求

除了思考人格特質與能力，社企創辦人也很注重「階段性的任務需求」，意指隨著公司不同階段的發展，會延伸出不同的人才需要。以專門為行動不便者和銀髮族提供無障礙服務的多扶事業為例，許佐夫表示創業初期需要的其實是駕駛人員，接著才是具有管理與企劃能力的人才。

陳聖凱也感嘆，回想七年前組織剛成立時，「當時要找到願意長駐柬埔寨的人並不容易，因此（求職者）只要對社會議題感興趣就好。」他表示，社企在創業初期會需要對「從零到一」這段過程很有衝勁的夥伴，共同打造組織文化，但當組織發展到中、後期，隨著計畫和業務方向更明確，就應根據業務的分工尋找專業且資深的人才。

整體來看，可發現這些創辦人心目中的好員工，只有熱血是不夠的，更需要具備許多關鍵特質與能力。若想加入社會企業的行列，建議先初步評估自己的人格特質是否合適，並進一步對照各組織的發展階段與職缺需求，努力提升自己的專業能力。

9-2 投入社企之前：先做好這些心理建設，你會適應得更好

想到社企工作，先來聽聽前輩們怎麼說，做好這些心理建設，將能在理想與現實間取得較好的平衡。

大部分人在求職前，都會在網路尋找一些基礎的背景資料，像是到人力銀行網站看公司的規模與職缺，或是在討論區搜尋其他面試者的評價與經驗，藉此做好心理準備。

然而，相對於一般企業，求職者通常較難找到新創社企或是新興非營利組織的資料，因此社企流採訪多位社會創新組織的工作者，並彙整他們的工作經驗與觀點，提供未來想進入社企產業的求職者參考。

進入社企，可能會遇到「期待與現實」的落差

不管是在社企或是一般企業工作，求職者都可能會面臨工作前後的期待落差，這些落差可能來自於求職者原先的期許過高，對組織文化的理解不足，或是因媒體大多只報喜不報憂，讓求職

者忽略了組織營運面的真實困境。整體而言，求職者較常面臨以下落差：

❑期待一：媒體曾報導過的社企，營運狀況應該都不差

現實：社企除了在媒體上光鮮亮麗的一面，仍有不同的營運難關要面對，在教育訓練與整體制度上，也不容易達到一般企業的水平。

❑期待二：社企的工作內容較具挑戰性，不需做一顆小螺絲釘

現實：新創社企的工作性質普遍具有挑戰性，員工也較有發揮空間，然而由於組織規模小，很難讓員工規避雜務、只做自己喜歡的事，往往需要「一條龍」作業，包辦相關業務的一切瑣事。

❑期待三：進入社企後，只要把自己份內的工作完成就好

現實：承上，由於大部分社企的組織規模並不大，無法如大企業一般明確分工，在人力不足、事情繁多的狀況下，時常需要身兼多職、互相支援。

當求職者尚未做好心理準備就上工，便很容易出現期待落差與適應不良的情況，無論對求職者還是企業而言都是一種耗損。因此，最好的方法還是事先預防，在求職前就先針對該社企進行深入的調查研究，例如閱讀網路資料或詢問在該組織工作的朋友。來自綠藤生機的張欣舫認為，當事前功課做得足夠，求職者才會知道自己的期待值該放在哪裡。

除了閱讀相關資料，求職者也能透過擔任志工或實習生等方式，在入職前先深入理解企業的組織文化與工作型態。例如，以立的高捷最初便先擔任志工領隊協助帶隊，等到熟知組織文化後，才轉為正職。

投入社企前，需要做好的心理準備

經過訪談後，社企流彙整出以下四點供未來的社企工作者參考：

一、認同組織理念

帶有社會使命的社會創新組織，需要具有相同理念的團隊一起改變世界，若無法認同組織的社會使命，便難以和團隊同心成長。One-Forty的張正儀認為，多數社會企業和非營利組織的工作較偏向服務性質，因此工作者需具備健康的心理素質，並認同自己在組織工作的使命，才會做得比較開心。

二、大事小事都要做

與在大企業工作不同，在人員編制小的社企工作，夥伴之間的協力和互助變得更加重要，員工除了自己份內的工作之外，也常需支援其他夥伴的業務。

三、知道自己在做什麼

社會企業並不是讓求職者來尋找人生方向的解藥，而是等求職者清楚知道自己想要什麼之後，再來好好發揮所長的場域。張欣舫表示，求職者應該不斷地問自己：「我是誰？我對於未來的想像是什麼？」藉由這樣的提問，來思考這份工作對於未來職涯發展所扮演的角色。

四、增加議題認識的廣度與深度

在解決社會問題之前，社企工作者應先具備對服務議題的深度理解，入職後才不用重新學起，而能更快進入狀況。例如：在進入以立之前，求職者應對於以立服務地區的狀況或國際志工的內容有深入的觀察與想法；想在服務小農的社企工作，平常便應關注台灣的農業環境與食安問題。當求職者具備相關的知識背景，不僅有助於進入職場後的發展，甚至可以協助公司開發新的產品與服務。以立國際服務的孔令融補充，以立的許多計畫，就是因著專案負責人對當地的認識與觀察，才會逐漸發展成形。

整體而言，想到社企工作的求職者，在理解所應徵企業和職務的基本資訊之外，如果能先調整好對社企工作的期待值、更清楚自己的人生規劃，並在求職前先累積扎實的議題研究與觀察，進入社企工作後不只能適應得更好，還有機會擴大組織的社會影響力。

9-3 投身社會企業，是失去還是獲得？

前面兩節談論進入社企工作前所需具備的人格特質和心理準備，而當求職者萬事俱備，只欠機會時，也許可以再聽聽前輩們投身社企後的感想，為即將到來的「捨」與「得」做準備。

有些人對於到社會企業或非營利組織工作，會抱有「犧牲奉獻」的想像：需要放棄業界高薪，領著微薄的薪水燃燒熱情與生命。然而，投身社會企業，究竟是失去還是獲得？

社企的工時與待遇

相較於傳統企業以營利為導向的營運做法，社會企業多了實踐社會使命的理想，在獲利表現上不容易超過一般企業，員工的薪資與福利也較難達到一般企業的水平。二〇一七年，聯合報系願景工程、社企流與星展銀行合作推出的「社企大調查」指出，社企工作者的平均每月薪資約為三萬元。孔令融表示，對於像他這樣的社會新鮮人而言，起薪確實比一般企業低一些，然而因為公司的調薪制度透明，能讓他預期未來的成長空間，便不至於無所適從。

至於工時，則視職務內容而有所差異——若是行政、企劃等內勤工作，工時大約八小時，與一般企業無異；若是擔任業務或是客服等職位，就會比較不穩定，例如高捷在出隊時，幾乎二十四小時都處於工作狀態。此外，工時也會受到組織發展階段和業務的淡、旺季而影響。

職涯發展：升遷或是自行創業

相較於傳統企業的升遷制度，社會企業的職涯發展有時更加多元。由於新創組織的人力規模通常較小，每位員工有機會參與的業務種類較多，比起在大企業的單一部門工作，可以獲得更多跨部門的工作經驗，進而發掘自己喜歡的領域。例如張欣舫在剛進綠藤生機時先在業務部服務，目前則轉戰行銷部，她希望藉由不同部門的工作來挑戰自我，學習更多企業經營的面向。

社企工作者的職涯發展，也不僅止於組織內部的升遷，更有自行創業的機會。由於在新創組織工作，員工有機會與創辦人一起「從零到一」開發業務、發展新的商業模式，對於有志自行創業的工作者來說，可先藉此預習創業過程可能遇到的各種挑戰，作為往後創業的寶貴經驗。

社企工作的「捨」與「得」

工時、薪資、理念與職涯發展，都只是評估工作價值的一部分面向，在衡量投身社企的得與失之前，求職者可以先問自己幾個問題：

❑ 這間社企關注的議題是我感興趣的嗎？
❑ 我是否認同組織理念？
❑ 這份工作和我的未來發展是否有連結？

在加入社企前，如果能先思考這些問題，釐清自己的理念與方向，日後便不容易動搖，且往往覺得收穫比犧牲還要多。

多扶事業的陳俞帆在加入團隊之前，曾有另一家企業開出更高的薪資條件，然而因為她很認同多扶的經營理念，最終還是選擇進入社企工作。工作四年多來，她認為多扶仍不斷地提供她打破同溫層、開展視野的機會，藉由服務各式各樣的案主，使她更深入理解銀髮照護議題。

張欣舫也認為，因為自己的價值觀與公司相近，上班對她來說並非只是工作而已，而是可以朝著理想邁進的過程。雖然有時會因過於投入工作而犧牲掉陪伴家人與另一半的時間，但她非常清楚自己要的是什麼，所以並不認為這是犧牲。

不少社企工作者表示，剛就職時雖曾受到家人的質疑，被要求改選工時更穩定、薪資條件更好的工作，不過，當心中對價值衡量能有明確的準則，便不容易因為勞動條件、薪資狀況、或是旁人的質疑而動搖初衷，反而能堅持立場與家人溝通，一步步化解疑慮。

每個工作都有自己的捨與得，端看選擇走上社企這條道路的工作者們，如何看待這些獲得與犧牲。例如婚後的陳俞帆搬到新竹，目前每天通勤到台北上班，卻依舊保有對工作的熱忱，甚至連度蜜月時也不忘拍攝國外的無障礙設施，她笑說：「對我來說工作已經是生活的一部分，很難切割。」也許，這便是大部分社企工作者的心聲。

第10堂課

良知消費

10-1 用新台幣讓良心商品「下架」

台灣網路圈掀起了一波新型態的鄉民正義，「用新台幣讓〇〇〇下架」變成了當紅口號，許多網軍使用這種逆向反串的手法，呼籲眾人一起用鈔票支持良心商品。這種不將流行指標、個人喜好或產品售價放在第一位，而是以產品的社會與道德價值為訴求的消費行為，就是「良知消費」。

隨著大眾愈趨重視利他主義與社會價值，消費者也產生了「進化」，從無意識的消費行為（Mindless Consumption）轉變為有意識的消費（Mindful Consumption）——除了傳統的性價比（Price-Performance Ratio），更進一步思考自己購買的商品，究竟是如何被製造出來？對環境與社會分別造成什麼影響？自己口袋裡的鈔票，又能帶來什麼改變？

隨著消費者對環境與社會意識的覺醒，良知消費所關注的價值範疇也愈加廣泛，包含環境（如生產時的汙染排放、碳足跡等）、人權（如勞工工作環境、供應鏈規範等）、動物（如動物測試、飼養方式等）以及永續性（如有機）等面向，分別在不同領域和產業掀起新型態的消費運動，帶來正向的革新。

時尚、生活、食品業，良知消費全面啟動

「公平貿易」是率先崛起，並有強大影響力的消費運動之一，始於一九四〇年代，當時美國與歐洲有些組織開始和低度開發國家的生產者直接進行手工藝品貿易，使生產者能獲得公平、合理的報酬。一九九七年「國際公平貿易標籤組織」（Fairtrade Labelling Organizations International，簡稱ＦＬＯ）正式成立，如今公平貿易的商品已遍布全球，二〇一五年的全球銷售金額更成長到七十三億歐元。

同樣的精神也影響著時尚產業。二〇一三年四月二十四日，孟加拉熱那大廈（Rana Plaza）不幸發生倒塌事故，造成上千名紡織工人死亡。隔年同一日，紡織業領導品牌、媒體以及學術界共同倡議，將每年的四月二十四日訂為「時尚革命日」（Fashion Revolution Day），倡導消費者更多思考自己的衣服從何而來——誰將棉花紡成線、誰縫製它們、最初又是誰種的棉花？這些人正生活於什麼樣的處境？

美妝界也開始出現「無動物測試」的呼聲。過去許多業者為了測試產品原料對人體的影響，會將化妝品的化學物質持續滴入動物眼中、塗抹在牠們去毛的皮膚上、或是灌入口中，過程中並不會給予止痛，這些動物往往遭受長期痛苦，甚至死亡。「無動物測試」運動便呼籲消費者共同抵制美麗背後的血腥，不讓動物繼續在實驗桌上經歷不必要的痛苦，如今已獲得不少國際品牌響應。其他生活用品如洗髮精、沐浴乳、洗衣劑等，也大量出現主張對環境友善、採用天然配方的永續產品。

時尚革命日活動。

意識還要加上「行動」——良知消費的採購策略

如今，良心商品已逐漸攻進時尚、美妝、食品及生活用品等市場的貨架，下一步便是消費者的責任。一些組織如「道德消費者研究協會」（Ethical Consumer Research Association），也整理出良知消費相關指南供消費者參考。

道德消費者研究協會表示，良知消費的意涵不僅是支持好商品，更包含抵制黑心商品，兩者雙管齊下才能發揮最大效益，而良知消費又可分為三種採購策略：

一、正向採購（Positive Buying）

正向採購指的是消費者面對眾多商品時，主動選擇重視生產線人權或提倡永續、對環境友善的良心商品。

二、負向抵制（Negative Purchasing）

負向抵制則是針對違反道德與安全標準、缺乏環境意識等類型的產品做出抵制。

三、以企業為基準採購（Company-Based Purchasing）

指消費者不針對特定商品，而是針對整體企業評價，對整個公司所有商品進行正向採購或負向抵制，例如支持獲B型企業認證的公司、無動物測試的化妝品牌、以及公平貿易認證的廠商等。

然而，最終決定權還是掌握在消費者手上——你願意親身實踐、用自己的鈔票支持良心商品嗎？

從一九九〇年開始，美國Roper ASW組織便對道德消費做了持續追蹤記錄，並將消費者分成五種類型：忠實行動型，鈔票支持型，認知關懷型，抱怨牢騷型，鴕鳥心態型。忠實行動型消費者是綠色程度最高的消費者，最有可能實踐自己的環保諾言，約佔人口的九％，而約佔人口三三％的鴕鳥心態型消費者則最少參與環保行動，他們不相信購買綠色產品或資源回收等這類個人行為能產生積極影響。

如同這類鴕鳥心態型的消費者，或許有人會質疑在大企業面前，單一消費者的微薄之力能否真的帶來改變，但當不只是一個人，而是集結了無數消費者的共同意識時，影響力便能擴大。隨著更多主流媒體投入對供應鏈人權、公平貿易、與環境永續等議題的關注，以及更多倡議團體持續推行各樣草根運動，良知消費的意識便能逐漸擴散至主流市場。

提倡良知消費意識的傑森．加曼（Jason Garman），便在一場TED演講中對此現象做出了極佳的詮釋：既然人們生活在彼此高度依賴的社會，那麼每個人每天所做出的選擇就能產生影響，並能彼此疊加。「每一天的每一時刻，你都有選擇的權利；每一天的每一時刻，你都有發聲的權利——這就是力量。」

10-2 良知消費者為何經常「光說不練」？

「用錢包投票」（Vote with Your Wallet）、「用新台幣讓良心商品下架」已成為消費者經常掛在嘴邊的口號。每年均有關於消費行為的研究或問卷指出，有「意願」購買道德商品的消費者比例正逐年升高，但矛盾的是，真正「實踐」道德消費的比例卻遠低於此。

現實生活中，良知消費者的「購買意願」與「購買行為」經常存在著落差。英國一項良知消費數據顯示，儘管大多數消費者皆關心環境和社會問題，甚至有八三％的消費者願意進行道德消費，卻只有一八％的人偶爾實踐，至於那些能夠持續堅持良知消費的族群，則是少於五％。

根據另一份道德消費文獻[1]引用的資料，約有三〇％的民眾認為自己是道德消費者，願意購買具有社會價值的商品，但其中只有三％的人真正言行合一，這被稱為「三：三十矛盾」（3:30 Paradox）。

1 Carrington, M.J., Neville, B.A. & Whitwell, G.J. J Bus Ethics: 2010, *'Why Ethical Consumers Don't Walk Their Talk: Towards a Framework for Understanding the Gap Between the Ethical Purchase Intentions and Actual Buying Behaviour of Ethically Minded Consumers,'* Journal of Business Ethics 97(1), 139–158.

有一派學者表示[2]，會產生這樣的矛盾，是因為消費動機並不足以作為消費行為的預測指標，事實上消費者也許並不如問卷顯示那般在意產品的道德價值。這些學者認為，在進行問卷調查的過程中，受試者可能會受到環境氛圍與社會壓力影響，而選擇一個比較符合社會道德標準的「好」答案，卻不一定真的代表他們心中所想。然而這樣的說法並無法解釋另外七〇%，同樣受到社會氛圍影響，卻從一開始便表明不在乎道德消費的受試者行為。

如果能從另一個角度重新詮釋所謂的三：三十矛盾，也許會得到截然不同的結論。

良知消費不是假象，只是受消費情境影響

有另一部分學者認為，人們的道德消費動機並非不存在，只是因著採購當下的消費情境（Situational Context）或其他外部因素，使得良知消費的動機難以被實踐。

例如商場的陳列與包裝呈現，有時並不利於良知商品的銷售。由於市面上道德商品仍非主流，也並非所有道德訴求都如公平貿易一般具有眾所皆知的認證標章，消費者難以僅透過產品包裝來辨認。如果在購買前未事先做好規劃，查詢符合心中道德規範的品牌，到了商場面對貨架上琳瑯滿目的商品時，往往不知應從何選擇，反而易受當下產品的陳列方式、宣傳廣告牌等外在因素影響消費行為。

商品本身的售價與商場環境的銷售活動，也是影響購買行為的關鍵。無法否認，道德商品的售價經常比一般商品來得高，通常這類廠商也較少推出促銷活動，此時消費者若身上現金不足，

或正好碰上其他商品的促銷折扣，就會影響消費者當下的購買決策。

除了消費當下的情境因素，道德商品本身是否具吸引力、符合市場需求，或是其行銷策略能否成功傳遞商品價值等，也會影響消費行為。例如人們在買車時，油電混合車本身的節能與性能表現、省油效果、行駛的舒適度與噪音程度等，都是在環保訴求之外，同樣受到消費者重視的決策因素；即使所有產品性能皆具備，若缺乏好的行銷策略精準傳遞產品價值，依然無法受到消費者青睞。

消除三：三十矛盾，良知商品需要更好的行銷力

既然消費者行為會受購買情境以及外部因素所影響，販售良知商品的企業就需要更好的行銷策略，才有機會在眾多商品中脫穎而出。

一、主動出擊，傳遞社會價值

德州大學麥克姆斯商學院教授朱利・艾文（Julie Irwin）表示，許多注重道德理念（如供應鏈人權、產品永續等）的消費者，其實不會、不願、甚至刻意不主動理解自己慣用的商品是否符

2 Auger and Devinney (2007). Auger, P. and T. M. Devinney: 2007, *'Do What Consumers Say Matter? The Misalignment of Preferences with Unconstrained Ethical Intentions'*, Journal of Business Ethics 76, 361–383.

合道德標準。然而，只要有外力主動將相關資訊送到消費者眼前，他們便會依據資訊做出決策，選擇那些符合道德標準的商品。因此，廠商除了積極倡議良知消費的理念，更應重視商品陳列與包裝，盡可能在外包裝上清楚展現社會價值，因為商場的貨架正是消費者們做決策的地方。

二、廣設通路，降低購買門檻

一般而言，良知商品不是無法辨識，就是很難找到。既然購買行為易受消費情境所影響，那麼降低消費者的搜尋門檻、提高產品的能見度便相當重要。除了廣設通路，加盟以道德消費為訴求的電子商務網站也是解決之道。

三、加強行銷，強化產品競爭力

艾文教授表示，即使目前良知消費的整體銷售比例還不高，也不能斷言良知商品的商機不存在，因為很有可能只是產品「行銷不利」。如同油電混合車的例子，如何針對消費者的多方需求與偏好，精準擬定行銷策略、傳達產品的競爭力，皆是行銷人員的重要考驗。

綜上所言，雖然現實中良知消費者的購買意願與消費行為仍存在著落差，但這並不表示良知消費沒有成長的機會。有道德消費意識與動機的消費者正持續增長，透過積極倡議、廣設通路、加強行銷等策略，業者將有機會消弭三：三十的矛盾，運用消費情境與行銷力幫助大眾實踐良知消費。

10-3 別讓良知消費成為富人的特權

「我必須承認我失敗了，主要原因可能是我想得太簡單。在英國，吃得更好一點，為孩子提供正確的膳食，似乎是件中產以上階層的奢侈事情。」——英國名廚、「吃得更好」（Feed Me Better）計畫創辦人傑米・奧利弗（Jamie Oliver）。

二〇〇五年，英國名廚奧利弗成立「吃得更好」計畫，希望改革英國校園不均衡的飲食菜單，把漢堡、薯條、披薩、薯片等學校餐廳常見的速食替換成新鮮蔬菜、水果和魚肉，以終結垃圾食物，推廣均衡飲食，並解決學童的肥胖問題為目標。

然而十年過去了，受限於英國的食材成本與學校資源分配體制，奧利弗於二〇一五年無奈承認計畫失敗，感慨即使在歐洲許多地方，最好的食材其實來自最貧窮的社區，這些社區卻反而沒有財力注重食材與健康。

在美國，想吃到有機生鮮食材似乎也是件奢侈的事。全食超市（Whole Foods Market）是美國專門銷售有機食品的連鎖超市，自一九八〇年在德州開設第一間店面之後，如今已成為全美最大的有機連鎖超市之一，在全球設有近五百家分店。然而，它幾乎也是最貴的超市之一——許多調查數據顯示，全食超市商品的平均售價，經常比一般超市貴上一〇%至二〇%。

奧利弗的失敗與全食超市的例子不禁讓人反思：想要吃得好，或購買兼顧勞工權益、對環境友善的商品，真的只有富人才負擔得起嗎？

優秀的產品力與營運效率，造就全美最親民的有機超市

同樣主打生鮮有機食材的美國喬氏超市（Trader Joe's），卻走出一條不一樣的路，證明即使提供高品質的商品，價格依然可以很親民。

在全食超市一袋十美元的藜麥，在喬氏超市只要半價（五美元）；一盒比薩在全食賣七塊半，在喬氏超市則是五美元。當然，喬氏超市並非所有商品都比全食超市便宜，但消費者在喬氏的整體採購成本與全食超市相比，依然有明顯差距。那麼，喬氏超市是如何辦到的呢？

其中一個關鍵因素，是降低商品種類。喬氏超市只販售不到兩千樣商品，遠低於同業的三萬件產品，但簡單的商品種類卻大幅提升他們的存貨管理效率，同時也降低消費者的選擇困難。

其次，是專注販售自有品牌商品（Private-Label Products）。喬氏超市不販售如可口可樂、百威啤酒等大型品牌商品，有高達八〇%的產品是自有品牌（一般超市只有不到二〇%）。他們跳過中間商，直接與供應商合作生產再重新以自有品牌包裝，省下開發新品所需的廣告促銷和上架等營業費用，並將節省的成本直接回饋於末端售價。

雖然喬氏超市將許多資源投入自有品牌商品的開發，但在店面裝潢與行銷成本上，卻是能省則省。不同於全食超市甚至配有咖啡與用餐休憩區的精美裝潢，喬氏超市的裝修十分簡要，店裡

許多促銷牌還是由店員直接手繪；他們甚至沒有官方臉書和推特帳號，全靠口碑行銷。不過簡單的裝潢並不影響消費者對他們的熱愛，大部分消費者選擇喬氏超市的原因，除了能以合理的價格買到高品質商品，其具備多元文化、創新有趣、以及「在其他地方買不到」的特色產品也是一大賣點。

即使售價比一般有機超市便宜、產品種類遠低於同業，喬氏超市依然是全美最受歡迎的超市之一，於二〇一四年創造的平均單位營收幾乎是全食超市的兩倍之多，總淨營收也高於全食超市。

喬氏超市透過自身優秀的產品力與高效的營運模式，成功展示了良知商品價格親民化的可行性；美國另一間標榜「慢時尚」的服裝品牌Everlane，則透過顛覆傳統、透明公開的定價機制，即使全年不打折依然保持售價的合理性。

「攤在陽光下」的定價機制，造就全美成長最快的平價服飾電商

Everlane的品牌願景是徹底的透明（Radical Transparency），創辦人希望顛覆傳統服飾產業壓低生產成本、售價卻層層翻倍的詬病。以往消費者完全不了解自己身上穿的衣服來自哪裡，品質如何，成本多高，又為何如此定價。即使付出高價購買，服裝的品質也不一定真的與售價成比例，且負責生產的工廠員工更可能處於低劣的生產環境，根本未蒙其利。

然而在Everlane的官網，每件產品的成本結構均被完整揭露，逐一顯示原料、零件、勞

工、運費等分項成本，而每件商品的定價一律是成本的兩倍。Everlane除了揭露自己的成本結構，也會提供傳統服飾業的標價作為對比——讓消費者了解為什麼一件同等品質的商品，售價在Everlane與其他品牌能達到兩倍以上的差距。

由於Everlane從不虛報價格，相對地也就從不折扣。過去幾年每當碰上美國感恩節的降價大促銷，Everlane乾脆直接拉下鐵門（關閉官網）不做生意；二〇一四年總算推出感恩節活動，卻把利潤全數捐出去，與生產線勞工共享收益。從二〇一一年成立至今，透明合理的定價為Everlane帶來的並非虧損，而是大賣——不僅每個月平均銷售萬件以上的商品，二〇一五年總營收更高達五千萬美元，成為美國成長最快的服飾品牌之一。

Everlane執行長表示，當初採行這種顛覆傳統的定價策略，是因為他相信每個消費者都有知的權利，然而過往卻很少有良知企業願意揭露自己的成本結構。

雖然重視永續與社會價值的企業，為了確保勞工獲得公平薪資，或是須負擔取得認證標章的成本（例如有機認證、B型企業認證等），其成本往往較一般企業來得高，但若缺乏公開透明的成本資訊，便不容易取得消費者的信任，反而容易因少數不良廠商的「洗綠」行為——例如以各種行銷手段大打環保牌，將不夠環保的產品或服務包裝成「綠色」以誤導消費者，藉機提高利潤——而讓消費者對道德商品敬而遠之。

「人們一直在尋找與品牌之間的連結，他們需要的是信任，」Everlane執行長表示，「當你對消費者誠實且透明，他們也會用相同的方式回報你。」如同喬氏超市與Everlane的案例，當產品本身夠好，並能取得消費者的充分信任，即使不在品質與勞工權益上妥協，依然有機會維持合理且親民的售價，並獲取商業上的成功。

社企流期待，未來在企業與消費者的共同努力下，不僅能消弭前一節提及的「三：三十矛盾」，促使消費者在生活中實踐良知消費，也讓道德商品不再成為中產階級的特權。當良知消費真正成為市場主流，便不再需要「用新台幣讓〇〇〇下架」這種呼籲——因為我們所花的每一分錢，都能為社會與環境的正向發展盡一份力。

附錄

社企大調查

附錄一：你所知道的社會企業

二〇一五年，在社企流三周年論壇「堅持的力量」中，聯合報系願景工程與社企流共同發布《社企大調查》，這是國內首份針對社會企業現況的民意調查，勾勒社會對社企的認知及可努力的方向。

調查發現，雖然多數受訪者沒聽過「社會企業」的概念或說法，但了解理念後，即有八成民眾認同，顯示社企打中民眾渴望改變社會的追求。

二〇一七年，聯合報系願景工程、社企流與星展銀行聯手，合作推出第二波的社企大調查，結果與前次相較，台灣民眾對社企的認知度，有一九．九％的民眾曾聽過「社會企業」的概念或說法，比率比兩年前的結果微幅成長一個百分點；但經解說後，就有近八成民眾認同社企「兼顧獲利同時追求公益目標」的經營模式。

「社企流」創辦人林以涵指出，觀念倡議是個長期工程，很難期待一蹴可幾；每個身在其中的理想者，都明白道阻且長；樂觀地看，只要理解社企理念，就有極高的認同度。

活水社企開發創辦人陳一強認為，推動「社會企業」將由已認同社企的熱血青年「同溫層」向外擴散，擴大主流企業結盟，將是未來努力方向。

在可複選的情形下，聽過「社會企業」的民眾中，獲知「社會企業」資訊的管道以電視最多，約四成三；其次依序為網路（三四．三％）、報紙雜誌（二八．九％）和親友介紹（一〇．一％）等。

觀察目前社會企業的資訊露出、交流與銷售，極大比率是以網路平台為主要工具，但調查顯示民眾獲知的主要管道卻是電視為主，這樣社企資訊供給與接受平台的差異，也可能是社企認知度無法有效提升的原因。

再依年齡層分析，二十到四十九歲的青壯世代對社會企業的認識，都高於其他年齡層，顯示青壯世代是社企的主力支持者，除了認識社企之外，也會主動參與、並消費社企產品，人數也在成長之中。

此外，六成四民眾願意以較高價格購買社企產品或服務，每四位成年民眾中，即有三人樂於推薦社企產品給他人，顯現社企產品具有較高的號召力，購買社企產品也是實踐理念，並且高比率願意口耳相傳。這樣「倫理消費」（Ethical Consumption）的市場極有發展潛力。

分析顯示，對社會企業的知悉程度較高的族群輪廓是：男性、四十歲以下、白領上班族及學生，居住於北北基地區。此外，學歷愈高，對社企的認知度愈高，高中以下學歷者知悉度不到一成五，大學以上學歷者知悉度三成上下。

社會企業理念支持度

今年度仍有近八成民眾認同社企「兼顧獲利同時追求公益目標」的經營模式，與二〇一五年的結果相近。

不過，認為這種目標雖好卻難以達成的比率由二〇一五年調查的一七．七%，上升到今年的二〇．七%，可能與大環境經濟低迷氛圍，帶來的無力感有關。

社會企業產品或服務消費行為

調查也發現，有四七．二%的民眾曾使用過「社會企業」的服務或產品，比兩年前微幅成長一．二個百分點。

分析顯示，目前社會企業產品服務的消費主力仍以女性、大學以上高學歷、三十至四十九歲青壯族群、經理主管和白領上班族、北北基地區的民眾居多。

進一步分析，目前約有一三．七%的民眾在未來半年內可能成為「社會企業」產品服務的潛在消費者。這些「潛在消費者」以女性、二十至二十九歲、大學以上、白領上班族、中彰投地區等居多。

社會企業產品服務費用溢價消費接受度

調查發現，民眾對社會企業產品或服務的訂價有較高容忍度，六成四民眾願意付出較高價格購買社企產品或服務；願意多花百分之五至百分之十價格者居多，約四成三。

雖然民眾願意基於理念，支持社企商品，但是社企要有別於傳統慈善組織，就必須以產品「品質」取勝，而不是「用愛心做行銷」。拿出在市場上具競爭性的品質，讓消費者有機會及意願了解社企商品背後的社會價值，才是社會企業應該建立的營運模式。

在可複選的情形下，調查發現，民眾不想使用社企產品或服務的理由，除了無使用需求外，其次是對社企不了解（二成八）和社企店家通路太少（六・八％），顯示社企產品在宣傳和建立通路，仍有相當努力空間。

這結果顯示，為社企產品建立更多元、具可見度及可及性的銷售通路，是迫切解方；除了呼籲個人支持之外，政府或企業的「組織採購」是更有力的推廣力量。

極好的借鏡是英國由社企商會（Social Enterprise UK）推動「We Buy Social」運動，鼓勵企業採購社企產品，並在選擇供應鏈時，將社會價值納入考量。

本調查是採用全國住宅及手機雙電話底冊為母體作尾數隨機抽樣，共計完成訪問一千零七十七位有效樣本（惟手機族佔二百六十六人），拒訪六百三十六人。在九五％的信心水準下，全體受訪樣本的抽樣誤差在正負三・〇個百分點以內。

單位：%

答案選項	2015年調查	2017年調查	增減百分點
有	18.9	19.9	+1.0
沒有	81.1	80.1	-1.0
認同	77.9	78.6	+0.7
不認同	6.3	7.2	+0.9
可能	64.1	64.7	+0.6
不可能	17.7	20.7	+3.0
有	46.0	47.2	+1.2
沒有	46.0	49.6	+3.6
產品製作及銷售	69.4	62.7	-6.7
餐飲服務	37.0	43.9	+6.9
一般清潔服務	9.0	7.5	-1.5
家居服務	3.8	3.4	-0.4
個人護理服務	3.5	3.0	-0.5
會／可能會	25.9	27.7	+1.8
不會	49.8	55.3	+5.5
願意	62.4	64.0	+1.6
不願意	25.2	24.8	-0.4
會／可能會	74.9	73.2	-1.7
不會	17.7	21.3	+3.6

2015年和2017年社會企業調查主要調查指標趨勢變化

構面	題目問項
社會企業認知	是否聽過社企？
社企理念支持度	是否認同社企兼顧獲利，同時追求公益目標的經營模式？
	認為社企兼顧獲利，同時追求公益的目標可不可能達成？
社企產品消費經驗	有無使用過社會企業產品？
	（曾使用社企產品者）使用社企產品或服務類型
社企產品 潛在消費意識	（未使用社企產品者）未來半年是否會使用社企產品？
社企產品 費用溢價消費接受度	如果社企產品比其他同類產品價格高是否願意多花錢購買？
社企產品推薦意願	是否會介紹社企產品給親朋好友？

資料來源：聯合報系民意調查中心

附錄二：社企產業調查

如果要對台灣社會企業來番速寫，那麼比較明顯的輪廓大抵是如此：在北北基地區成立不到五年，創辦人是三十來歲的男性，經營不到五人規模的小公司，以銷售產品或服務方式，關注食農創新或生態保育議題；員工平均月薪三萬元、平均工時八小時，極少加班，追求工作與生活的平衡。

這是星展銀行、聯合報系願景工程及社企流合作的「社企大調查」，由數據所描摹出的台灣社企概況。

在台灣，社會企業有不同發展軌跡，有些由傳統非政府組織轉型、或成立公司、合作社等。調查發現，受訪的社企中，有六九．四％登記為公司或商號，二九．八％為非營利組織（如合作社、基金會、協會、學術單位等）。

從成立時間來看，國內社會企業多屬年輕產業，近六成受訪社企成立不到五年，有二一％成立六至十年；成立逾十年者佔二〇％。

由地區看，受訪的社企集中在北北基地區，比率近半，其餘為中彰投、桃竹苗、雲嘉、宜花東都一成上下；高屏澎社企只佔五．三％。

社企單位關注的社會議題

受訪社企關注的社會議題相當廣泛，在可複選的情況下，包括食農創新、偏鄉或弱勢服務都近三成；環境保護、就業促進及社會關懷，這三類的比率都在兩成上下。

分析顯示，公司型態的社企關注食農創新和環境保護的比率，較非營利組織型態的社企高許多；非營利組織型態的社企，仍秉持傳統關心議題，著重偏鄉弱勢服務、就業促進、社會關懷。

綜合看來，若與國際比較，台灣社企的科技門檻相對較低，作為媒合平台形式的社企不少，較易模仿與複製，一旦資金充沛的企業加入市場，兼顧社會價值的社企經營將更辛苦。

社企創辦人逾六成是男性；平均年齡以三十至三十九歲青壯族群為主（二九．六％），其次為四十至四十九歲（二一．八％）和五十至五十九歲（二二．三％）的中壯世代；三十歲以下和六十歲以上較少。

社企單位員工雇用情形

調查發現，受訪的社企全職員工以一至五人為主（四九．八％），一四．三％雇用六至十位全職員工；雇用數超過十人者佔二二．一％。也有一二．七％的社企以兼職或義務人力為主。可見社企人力規模差異頗大。

至於勞動條件，受訪社企平均薪資大半在三萬元以上（五一．二％），三萬元以下者佔

三六．五％。估算社企人平均薪資約三萬元。逾八成受訪社企的平均工時為八小時。

社會企業營收來源和成本支出

在可複選的情形下，調查發現，受訪的社企單位中，近九成主要收入來源是來自產品及服務銷售（八九．八％），三〇．二％有獲得政府或機構資助，僅一一．八％是以捐款作為收入來源。

社會企業獲利概況

逾三成受訪的社企二〇一六年度營業收入低於三百萬元，二成二全年營收在三百至兩千萬元之間，年營收超過兩千萬元者近一成，顯示社企營運規模大小有相當差異。

社企能當飯吃嗎？約四成目前損益打平，僅二成一社企單位表示有盈利，三成四仍虧損，顯示社企營運面臨不少挑戰。

至於盈利運用，在可複選情況下，有盈利的社企中，逾九成將盈餘持續投入營運，四四．二％會捐助其他單位；作為員工利潤分配者佔四二．三％。

分析顯示，公司型態的社企高達九成七會將盈餘投入營運，或捐助其他單位（五一．二％），這些比率都高於非營利組織型態的社企。非營利組織型態的社企會將盈餘作為員工利潤分配佔六成二，相對較高。

社企的困難

可複選的情形下，受訪社企認為面臨的困難以人力不足（二六・五％）和缺乏行銷通路（二四・九％）居多，其次為經營或營運成本太高（一九・二％）、缺乏消費市場（一六・七％）、缺乏經營管理人才（一四・三％）、公眾對社企認識不足（一〇・六％）和品牌知名度低（一〇・六％）等。

社企單位對政府發展國內社會企業的建議

受訪的社企認為政府應加強民眾對社企的認識及宣導（三一・四％），其次為增加育成輔導補助資金和放寬補助條件（一八・八％）和推動社會採購（一二・二％）；其他如增加融資管道、社企相關法規建立與鬆綁、提供社企減稅優惠等，比率都低於一成。

調查於二〇一七年四月十二日至四月二十八日委由聯合報系民意調查中心進行。調查社企名冊包括：台灣公益團體自律聯盟的社企登錄機制、曾進駐社企聚落、社企流曾報導、社企流 iLab 獲選單位、聯合報系願景工程曾報導、申請過政府相關社企補助、輔導等社企清單。母體共計三百八十四家。完成二百四十五家社企有效樣本，回收率六三・八％。

2017年社會企業調查(社企單位)調查結果
部分資料彙整表格

請問貴單位目前獲利狀況？

項目／獲利狀況(%)	全體	組織型態		成立年數				
		公司	非營利組織	不滿一年	1-5年	6-10年	11-15年	16年及以上
盈利	21.2	25.3	11.0	20.0	18.8	26.9	21.1	23.3
虧損	34.3	36.5	28.8	43.3	39.3	25.0	31.6	23.3
損益打平	40.0	33.5	56.2	26.7	38.4	44.2	42.1	53.3
不知道／未回答	4.5	4.7	4.1	10.0	3.6	42.1	5.3	0.0
樣本數	245	170	73	30	112	52	19	30

請問貴單位的盈餘主要用在那些地方？（可複選）

項目＼組織(%)	公司	非營利組織	全體
員工利潤分配	39.5	62.5	42.3
持續投入組織營運發展	97.7	75.0	94.2
捐助其他單位	51.2	12.5	44.2
樣本數	43	8	52

請問貴單位目前營運過程中，有沒有面臨哪些困難？（可複選）

項目(%)	全體
單位人力不足	26.5
缺乏行銷通路	24.9
經營或營運成本太高	19.2
缺乏消費市場	16.7
缺乏經營管理人才	14.3
公眾對社企認識不足	10.6
品牌知名度低	10.6
政府或機構補助太少	5.7
樣本數	245

請問您認為政府對於國內社會企業的發展，應加強那些配套措施？（可複選）

項目(%)	全體
加強民眾對社企的認識及宣導	31.4
增加育成輔導補助資金	18.8
推動社會採購	12.2
提供社企專業協助	9.8
增加融資管道	8.2
社企相關法規建立與鬆綁	6.1
提供社企減稅優惠	5.3
成立單一諮詢窗口或專責輔導機構	3.7
協助社企相關資源整合	3.3
其他	4.5
不知道／未回答	27.8
樣本數	245

請問貴單位的組織類型？

	百分比
公司 （有限公司、股份有限公司、商號等）	69.4
非營利組織 （合作社、基金會、協會、學術單位等）	29.8
其他	0.8
不知道/未回答	0.0
樣本數	245

請問貴單位目前主要關注的社會目標及議題？（可複選）

	人次	百分比
食農創新	73	29.8
偏鄉／弱勢服務	71	29.0
環境保護	55	22.5
就業促進	52	21.2
社會關懷	51	20.8
教育學習	35	14.3
社區發展	34	13.9
文化保存	28	11.4
醫療照護	20	8.2
公平貿易	14	5.7
資源再生	5	2.0
其他	11	4.5
樣本數	245	

請問貴單位主要收入來源？（可複選）

	人次	百分比
產品及服務銷售	220	89.8
政府或機構資助	74	30.2
捐款	29	11.8
其他	5	2.0
不知道／未回答	3	1.2
樣本數	245	

請問貴單位目前獲利狀況？

	人次	百分比
盈利	52	21.2
虧損	84	34.3
損益打平	98	40.0
不知道／拒答	11	4.5
樣本數	245	

開路：社會企業的10堂課

出版者　聯合報系願景工程｜聯經出版事業股份有限公司
願景工程執行長　羅國俊
願景工程策略長　何振忠
願景工程委員　項國寧｜黃素娟｜王麗美｜翁得元｜游美月｜于趾琴｜
蕭衡倩｜范凌嘉｜張　立｜李彥甫｜方怡人｜梁玉芳
願景工程執行小組　鄧文舒｜蕭繡婉

作　者　社企流
製作人　金靖恩｜林以涵｜陳玟成
寫手群　林以涵｜林冠吟｜金靖恩｜陳怡臻｜陳玟成｜陳莉雅
黃重豪｜龍映涵｜顏湘霖
研究員　翁珮禎｜章廷文｜蔡潔凡｜藍怡雯

總編輯　胡金倫
總經理　羅國俊
發行人　林載爵
叢書編輯　張　擎
校　對　馬文穎
封面設計　江宜蔚
內文排版　江宜蔚

願景工程網站 http://vision.udn.com/
願景工程臉書 https://www.facebook.com/udn.vision.project/
地址 22161 新北市汐止區大同路一段 369 號
電話 (02)8692-5588

聯經公司　台北市基隆路一段 180 號 4 樓
電　話　（02）87876242 轉分機 270
印　刷　文聯彩色製版有限公司
初版日期　2017 年 7 月　定價：360 元
ISBN　978-957-08-4967-7（平裝）

總 經 銷　聯合發行股份有限公司

國家圖書館出版品預行編目資料

開路：社會企業的10堂課/社企流著．
初版．臺北市．聯經．2017年7月（民106年）．
232面．17×23公分
ISBN　978-957-08-3618-9（平裝）

1.社會企業　2.創業

547.9　　106009731